暮雨弦歌

西德尼·D·甘博镜头下的民国教育

（1917－1932）

李明杰　［美］徐鸿　编著

［美］西德尼·D·甘博　摄影

WUHAN UNIVERSITY PRESS
武汉大学出版社

图书在版编目（CIP）数据

暮雨弦歌：西德尼·D·甘博镜头下的民国教育：1917-1932/李明杰,（美）徐鸿编著；（美）西德尼·D·甘博摄影.—武汉：武汉大学出版社,2019.7(2021.11 重印)

ISBN 978-7-307-20719-6

Ⅰ.暮…　Ⅱ.①李…　②徐…　③西…　Ⅲ.教育史—中国—1917-1932—摄影集　Ⅳ.G529.6-64

中国版本图书馆 CIP 数据核字（2019）第 024000 号

责任编辑：郭　静　　责任校对：汪欣怡　　版式设计：韩闻锦

出版发行：**武汉大学出版社**　（430072　武昌　珞珈山）
（电子邮箱：cbs22@whu.edu.cn　网址：www.wdp.com.cn）
印刷：武汉中远印务有限公司
开本：889×1194　1/32　印张：9.5　字数：212 千字　插页：4
版次：2019 年 7 月第 1 版　　2021 年 11 月第 2 次印刷
ISBN 978-7-307-20719-6　　定价：58.00 元

序一　再现民国教育的本相

去年 11 月上旬，昆山杜克大学图书馆馆长、杜克大学图书馆副馆长徐鸿博士来访时告诉我，她与武汉大学信息管理学院的李明杰教授，根据杜克大学图书馆收藏的西德尼·D·甘博家族捐赠的照片，准备编撰一本民国教育的照片集。我没想到今年 9 月，她就来信告诉我："该书的中文平装版已经写好了，将由武汉大学出版社出版。我非常想请您给该书写篇序言。其实，您很忙，手又不便打字，我内心非常纠结。如果换作其他领域的著作，我一定不会来打扰您，可这是一本跟教育有关的书，所以就开口了，哪怕写一段简短的文字都行。"

我历来是遵循"有求必应"的信条，从来不会让有求于我的人失望，何况这是一本有关教育的书，因为教育就是我的挚爱。于是，我就同意来写这篇序言，让我有机会了解我国民国时期的教育状况，从中吸取有益的经验，以推动我国目前步履艰难的教育改革。

这本书的主人翁当是西德尼·D·甘博（Sidney D. Gamble，1890—1968），他是美国传教士、社会经济学家，出版过多部关于中国社会调查的著作，如《北京社会调查》等；同时他也是一位卓有成就的摄影爱好者。自 1908 年到 1932 年，他先后四次来到中国，一边从事北京市和华北农村的社会调查，一边用照相机镜头记录下中国社会真实的场景，拍摄了近 6000 张照片。这些珍贵照片的发现，倒是有点偶然性。甘博于 1968 年在美国纽约逝世，但他并没有把这些照片向家人作出交代，所以他的部分照片一直未被发现。直到 1984 年，他的女儿凯瑟琳在一个鞋盒中发现了甘博摄影的胶卷，杜克大学图书馆有关人员得知信息后，主动联系凯瑟琳，同意收藏了这些照片，并以数字化方式扫描所有的照片，使得这些珍贵的照片才有可能与读者见面。

到了 1989 年，甘博的这些照片首次在美国 19 个城市展出，反响强烈。自 20 世纪末到本世纪初，他的摄影作品在中国 27 个城市展出。他的摄影作品与他的学术著作一样，体现了他的严谨治学的态度，敏锐的历史眼光，深厚的艺术修养，以及对异国民族的善良和友好的品格。近年以来，随着学术界对民国时期问题研究的开展，甘博的照片也异常火爆，先后在中国大陆和台湾地区出版过多个版本的甘博摄影集。但是，李明杰与徐鸿博士的《暮雨弦歌：西德尼·D·甘博镜头下的民国教育（1917—1932）》却与众不同，他们从近 6000 张照片中特别留意了 300 张与教育有关的照片，最后再从中挑选了 182 张收入到本书中。

坦率地说，我非常喜欢这本书，特别是书名开头的"暮雨弦歌"的引语，更是令人陶醉。在那细雨蒙蒙的黄昏伴着弦琴而歌，该是何等的惬意啊！这本书是我迄今看到的唯一的民国时期教育的照片集，为了让读者了解照片的内涵，作者还实地考察了部分照片的原址，或者借助文献资料撰写了详尽和生动的文字说明，真可谓是一部图文并茂的文化史奇迹！

我虽然出生于20世纪30年代，但孩提乃至少年时代，足迹没有离开过落后的农村故土，所以对民国时期的教育，我也不甚了了。因而，这本书又把我带回到那遥远的年代，使我有机会了解到更多民国时期教育的情况。民国与共和国是前后两个朝代，由于制度和意识形态的不同，所以生活在共和国时代的人们，很少知道民国教育的本相，而甘博的这部民国教育影集最好地再现了那个时期教育的原貌。所谓的本相就是指事物或重大事件的原来真实的形态，既没有裹上艳丽的华衮，也没有因人的爱恨而增添或删除或篡改，保持了民国时期教育的原始状态。至于说到再现的手段，当然也是各式各样的，如照相机拍摄、手工临摹、文字写真、泥模雕塑等，如果是生命体的话，甚至还可以用克隆技术复制。但是，就景物而言，照相机拍摄无疑是最能够再现事物的本相的手段。

那么，甘博镜头下的民国教育集，又再现了哪些民国教育的本相呢？我要特别指出的是，甘博拍摄照片的时间是自1917年到1932年期间，这是一个烽火遍地的年代，又是新思想风起云涌的时代，可谓是中国几千年历史上思想碰撞最为激烈的时期。然而，甘博既不避风险又不怕旅途劳顿，怀着对东方文化的好奇和博爱情怀来到中国，从北到南，由东到西，断断续续地历时15年，足迹遍布大半个中国，记录下了具有珍贵价值的民国教育照片。

我们从甘博的有关教育的照片可以看出，那个时代中国还是非常落后的，校舍简陋，学校规模也很小，人民生活贫苦，能够接受教育的儿童是极其有限的。同时，教会学校在中国得到迅速的发展，从幼儿园、小学、中学到大学。据统计，在本书中收入的与特定教育机构相关的138张照片中，教会办学机构84幅，占比高达

60.9%；公立教育机构 38 幅，占比为 27.5%；私人教育机构 16 幅，占比为 11.6%。虽然这个占比带有一定的随机性，但从一个侧面也反映出教会学校在民国教育中占有重要的地位，尤其是高等教育。在 1949 年以前，公立大学、教会大学和私立大学几乎是三足鼎立，这是一个结构合理的办学模式。可是，1951 年院系调整时，撤销了教会大学和私立大学，从而使公立大学独霸天下。没有比较就没有鉴别，也不会有竞争，从而造成我国高校"千校一面"的局面。

在本书中，第十三章是异彩纷呈的大学建筑，所介绍的 8 所大学，除由庚子赔款建立的清华学校外，其他全都是教会办的大学。19 世纪末和 20 世纪初，在我国各地创办了近 30 多所教会大学，而于 1916 年创办的燕京大学却是后来居上，成为众多教会大学中的一朵奇葩。燕京大学创校即首任校长是约翰·司徒雷登（John Leighton Stuart，1876—1962），他四处奔波为大学募集资金，呕心沥血管理这所大学，无论是选择校址或是办学理念，或聘请教师，他都是追求卓越，以达到至善至美。在短短的 12 年中，使燕京大学成为世界一流水平的大学，令我国的国立大学或其他私立大学刮目相看。

这样评价燕京大学，绝非是杜撰出来的，而是以翔实的资料做出的评估。据研究者的结论，1928 年是燕京大学成为世界一流大学的标志年，其标准有三：一是大师云集，如冯友兰、吴文藻、钱穆、陈垣、郭少虞、朱自清、侯仁之、周作人、顾颉刚、许地山、沈君默、容庚、冰心，等等。在 33 年中，共培养了近万名学生，平均每年 330 人左右，从中涌现出了 57 名两院院士。1945 年 9 月

2 日，日本在美国战列舰"密苏里"号上举行签投降书仪式，与会的三个中国记者全都是燕京大学毕业生。二是美国加州的大学对亚洲高等学校的学术水平调查，认为燕京大学是亚洲最好的两所基督教大学之一，其毕业生可以直接进入美国大学研究院攻读学位研究生。1936 年民国政府教育部部长王世杰向司徒雷登先生颁发嘉奖状，以奖励他创办燕京大学的功绩。三是 1928 年 1 月 4 日，美国哈佛大学与燕京大学合作共同创建哈佛燕京学社，促进中国学术研究成果的出版，这被认为是一流大学标志性的事件。

然而，至今我国仍然没有世界一流水平的大学，其实撤销燕京大学是我们自己毁掉了曾经的一流大学，这是令人痛惜的。司徒雷登先生办燕京大学是功勋卓著的，在抗日战争中，他拒不与日本侵略军合作，被日本关押在集中营 3 年多，直至日本投降后才出狱，可见他爱中国和保护燕京大学不是虚伪的。然而，过去对他的评价却是狭隘和偏颇的，现在应当对他做出公正的评价，还以历史的本相。1968 年他在美国纽约逝世时留下遗言，希望死后与于 1926 年逝世的夫人艾琳（安葬在燕京园临湖轩的湖边）合葬在一起，虽然中国政府批准了他的遗愿，但由于有人联名反对而作罢，最后才被安葬在杭州东北郊的安贤园，留下一个永远无法弥补的遗憾。

1951 年院系调整中，撤销了燕京大学，其所属系科合并部分到北京大学。目前在北京大学的燕园中，矗立着林林总总姿态各异的雕塑，然而竟没有当时燕京大学创始人司徒雷登的雕塑像。北京大学欠了司徒雷登先生一座铜像。

公正地说，没有司徒雷登就没有燕园，也就没有北京大学的今天。为了购买这块宝地，司徒雷登先是坐两天火车，后在督军的护卫下，再骑马 7 天，穿过土匪经常出没的危险地带，到达西安与军阀陈树藩商谈，最后以 6 万大洋买下了这块风水宝地，后又购置了周边的一些荒地，从而奠定了燕园的基础。我们姑且不论他创办燕京大学的卓越成就，仅就他不辞劳苦和冒着生命危险购买校址，难道不应当在燕园为他建造一座纪念铜像吗？

读《暮雨弦歌：西德尼·D·甘博镜头下的民国教育》有感，特抒发了以上的感言。

兹忝为序。

刘道玉　谨识

2018 年 9 月 12 日

于珞珈山　寒宬斋

序　二①

在昆山杜克大学四年制本科项目第一届学生开学典礼上致辞，我引用了一句中国格言："一年之计，莫如树谷；十年之计，莫如树木；终身之计，莫如树人。"②此言的睿智十分明显。教育予人以充分启发其才智潜力的手段，并因而能完美贡献其创造力于将来之世界。

教育在中国历史悠久、地位重要。中国也是世界上最早进行教育实践的地方。从近代开始，中国开启了大众教育之门，让世界范围内最多的人口接受基本教育，同时努力奠定自己在世界一流高等教育中的一席之地。

比较而言，西方人中很少有像西德尼·D·甘博那样爱中国的。正是这种爱指引他在中国高等教育从传统向现代转型的关键时期访问了中国。更加幸运的是，甘博的另一爱好是摄影。在20世纪早期四次访问中国期间，他记录了当时多种形式的中国教育。

本书之可贵，首先在于它所记录的教育实践之广度，其次在于它呈现学校教育中人之因素的方法。教育由机构和体系组成，可以

---

① 翻译：徐鸿(本书作者之一)
② 译者按：出自《管子·权修》。

1

是个庞然大物；但教育的真谛在于启蒙——传递开启心灵的火花——而这种传递总是在人与人之间产生的。

能够一览20世纪初汹涌澎湃的现代化中国之大潮当中教育方面的人的面貌，我们必须感谢西德尼·D·甘博和他留下的遗产，以及一切为保存和解释这些照片的人，还有这部杰作的两位作者：李明杰和徐鸿。这是一座宝库。

理查德·H·布罗德海德
杜克大学荣休校长
昆山杜克大学名誉校长

序 三[①]

　　我们的外祖父西德尼·D·甘博从多方面来说都是个了不起的人。在孩童时代，我们对他的了解始于全家在密西根北部夏季度假的小木屋里。他看上去是一个神态安详、衣着端庄、脖子上总是挂着相机的绅士。他白天常常专注于阅读摊在四周的某一本书，或者独自在纸牌桌上打字、填字谜，或者是驾驶帆船，晚间总是在用无线电跟世界各地的人联络，或者在修烤面包机。他去世时我们还小，对他的成就的广度是稍后才逐渐领会的，不过我们当时就对家中书橱里放满的他的学术著作印象深刻。只是后来我们才得知他是"美国基督教世界救济会"（Church World Service）主席和总裁，"普林斯顿亚洲区"总裁，小约西亚·梅西基金会（Jr. Josiah Macy Foundation）执行委员会主席，基督教青年会全国委员会（The National Council of the YMCA）委员——这些组织致力于美国和世界人民的福利。由于我们的父母均于20世纪20年代出生于北京，我们听过他们早年在中国的故事，也继承了家族长期对亚洲承担的义务（我们的父母服务于美国驻印度和尼泊尔使领馆，我们大学以后也在日本生活过）。但是，西德尼·D·甘博对中国的深爱以及在

1

中国的大规模工作的细节是在我们的母亲凯瑟琳·甘博·柯伦（Catherine Gamble Curran）在纽约郊外的家中发现藏有 6000 张底片之后我们才了解的。

身为著名的艺术品收藏家，凯蒂（凯瑟琳的昵称）立刻意识到这些被遗忘的宝藏的巨大意义。在随后的几年里，她把自己的精力转移到这一个项目上——保护这些脆弱的底片，确认照片所拍的地点和主题（这很不容易），并组织首先在美国、随后在中国各地大获成功的摄影展览。如果没有邢文军（Wayne Xing）、南希·杰维斯（Nancy Jervis）、伯尼·汉泽尔（Bernie Handzel），以及海蒂（Hai Di，音译）的热诚、专业的帮助，这些展览是不可能举办的。现在杜克大学对这些照片进行保护，并提供学者和更大范围的公众获取，支持通过持续的研究揭示照片的历史和社会价值。在一本西德尼摄影集的前言中，凯蒂引用了一句谚语："知父莫如子。"这里，我们同样用它来赞誉我们的母亲和外祖父所取得的恒久而相得益彰的成就。

我们也祝贺这部由李明杰和徐鸿编著、武汉大学出版社出版的，侧重反映 1917 年到 1932 年中华民国教育的图书。该书以西德尼·D·甘博的照片为中心，激发了对一个重要主题的研究，并发扬光大了甘博传奇。

彼得·甘博·柯伦（Peter Gamble Curran）

康斯坦丝·柯伦·麦克菲（Constance Curran McPhee）

前　言

李明杰　徐　鸿

有这样一个西方人，他出生在美国俄亥俄州的辛辛那提市，却热爱东方文化，曾经四次来到中国，足迹遍及华东、华北、华中、华南、西南地区的十几个省份和无数个城镇村落。他在普林斯顿大学1912级校友毕业50周年聚会上这样回忆他与中国的关系："还记得布莱尔22号宿舍窗前挂的那个风铃吗？这个从朝鲜带回来的风铃像是一只东方昆虫，叮咬了我一口，使我一辈子难以完全康复。这种被叮咬的感觉把我带回到中国，带回到普林斯顿大学北京中心，使我能够对一座东方城市进行社会调查研究，并出版了《北京的社会调查》一书。"

他是一位优秀的社会经济学家，却也爱好摄影。旅居北京期间，他调查了近300户北京家庭生活的经济状况，并以平民教育运动社会调查研究干部的身份多次深入华北农村，考察当地农民的生活状态和社会组织结构，先后出版了《北京的社会调查》（1921）、《二十五年来北京之物价、工资及生活程度》（1926）、《北平市民的家庭生活》（1933）、《定县：华北农村社区》（1954）、《1933年以前华北乡村的社会、政治与经济活动》（1963）等系列学术著作，甚至在他去世的第二年还出版了《定县秧歌选》(1970)。他的著述在西方研究中国的学者中享有盛誉，至今仍被西方学者研究和引用。然而，这一切并不妨碍他成为一名出色的摄影家。他用一台今天看来很是笨重的格拉菲(Graflex)牌相机，拍摄了近6000张黑白照片，记录了近代中国许多重大的历史事件，以及市井小民、贩夫走卒的日常生活劳作的场景。其摄影风格融纪实、素描、民俗、社会学和艺术于一体，纵是专业摄影家也自叹不如。他的摄影作品于20世纪末、21世纪初在北京、成都、重庆、杭州、南京、广州、深圳、济南、金华、郑州、石家庄、上海、天津等27个城市巡回展览，引起了巨大的轰动。

他出身富豪之家，祖父是宝洁公司(Procter & Gamble)的创始人之一，21岁生日那天就从父亲那里得到了100万美金的公司股票作为生日礼物，但却悲天悯人，以基督教人道主义的情怀关注旧中国社会底层民众的生活状态。他认为宗教工作不能只是讲经布道，而应当实实在在地关心社会问题，致力于社会服务和社会改良工作。他不仅研究北京的人口、收入、饮食、娱乐和职业，还调查了警察局、监狱、孤儿院、收容所、人力车行、学校、医院等机构。他在《北平市民的家庭生活》的卷首引用孙中山的原话："民生是政府的中心、经济的中心、所有历史活动的中心……当我们对这个问题进行了深入细致的调查后，就会找到解决社会问题的方法。"正因为如此，他的镜头不仅仅聚焦民国禁烟运动、五四运动、孙中山葬礼、五卅运动等宏大的历史事件，还对准了洪灾后的难民、满眼期待的乞丐、赈灾粥棚旁等待施舍的孩童，更是发自内心地关注那些社会底层的劳苦大众，如帆船上的橹工、街头人力车夫、通县的老鞋匠、拄拐杖的算命先生、卖山里红的小贩、敲钟的僧侣、煤窑里的童工、制伞店的老板……，他用写实的手法深入理解、同情那个时代中国普通人的生活和苦难。

他，就是西德尼·D·甘博（Sidney D. Gamble），一位因摄影与中国结下奇缘、四次来华的美国人。

甘博对摄影的热爱源自他的父亲戴维·B·甘博。父亲爱好机械，尤其对相机着迷。这种爱好影响到了甘博和他的弟弟克拉伦斯（Clarence James Gamble）（甘博一共三兄弟，他排行老二）。1900年甘博10岁时，父亲送给他一个单筒望远镜，三年后获得他人生当中第一架5×7相机。随后在辛辛那提上初中和在加州欧海市上撒切尔私立高中时，成为学校的业余摄影师，并多次赢得摄影奖。1907年，撒切尔高中的校长在写给甘博的信中说："我非常欣赏你出色的摄影作品，感谢你的照片给全校师生员工带来的喜悦。"

1908：第一次中国之旅

1908年3月，高中毕业的甘博和弟弟首次随父母一道乘船远行，途径夏威夷、日本和朝鲜，前往中国的上海和杭州。老甘博夫妇是美国长老会教徒，一生积极支持并资助长老会的海外传教及基督教青年会的工作，与远东的教会组织有密切联系，这次旅行访问就是应杭州基督教之江学堂传教士费佩德①之邀，因为之前他们为

①　费佩德（Robert Fitch），之江学堂物理教授，后成为之江大学校长。他出生于上海一个著名的美国传教士家庭，父亲费启鸿（George F. Fitch）于1870年由美国长老会派往中国上海、苏州和宁波传教，曾主持过早期上海著名的出版印刷机构美华书馆。商务印书馆的创办也多得费启鸿的支持和帮助。

手推车上的西德尼·D·甘博　成都 1917　70-384

之江学堂新校区的筹建捐赠了 7500 美元。

　　首次东亚之旅，甘博和弟弟感到异常新奇和兴奋，他们沿途拍摄了 300 余张照片。而费佩德正好也是一位摄影爱好者，经费佩德的引见，甘博认识了一位在四川成都公立大学任教的奈特(Knight)教授。奈特给甘博和费佩德翻看了他在四川当地拍摄的部分照片。奈特仅是个业余摄影爱好者，费佩德回忆道："他的作品远谈不上完美，但他迷人的照片集表明，中国对于摄影师和探险家而言是个天堂。"与奈特的交流，使 18 岁的甘博在心底萌生了一个强烈的愿望，有朝一日一定要去神秘的川西甚至西藏做一次摄影旅行。费佩德对此深表支持，并表示愿意一道同行。

经过这次短暂的旅行之后，甘博回到美国并进入普林斯顿大学学习。大学期间，继续着他的摄影爱好，甚至在校园内拥有一间自己的暗室。1909 年大二的时候，甘博通过为入学新生拍照片的机会挣到了 114 美元，恰好够买一架 Graflex 半自动相机。他还选修了一门自己非常感兴趣的课程——自然地理，这为他日后成为美国地理学学会和英国皇家地理学会的终身会员打下了基础。1912 年，甘博以优异的成绩从普林斯顿大学毕业，并获得文学学士学位。之后，他又对经济学产生了浓厚的兴趣，于 1914 年进入加州大学伯克利分校攻读社会经济学，两年后获硕士学位并留校任教。

1917—1919：第二次中国之旅

1917 年初，甘博突然接到费佩德从中国的来信，说他可以抽时间陪甘博做一次沿长江逆流而上的摄影远足。距离上一次中国之行已经快 10 年了，可以想见甘博当时激动难捺的心情。匆匆打点行装，精心准备胶卷和摄影器材，1917 年 4 月，甘博带着一大一小两架相机乘坐"中国"号轮船从旧金山出发，踏上了第二次访问中国的行程。5 月抵达上海，又经过一个月的准备，甘博、费佩德和来自杭州的传教士约翰·亚瑟（John H. Arthur）一行三人于 6 月11 日从上海乘船出发，开始了长达 4 个月的摄影远足。这次旅行途经重庆、铜梁、潼南、遂宁、成都、新都、都江堰、汶川、理县、茂县等地，全程 6000 公里。甘博沿途拍摄了 1000 多张关于中国西部百姓生活劳作、文化风情及山川景致的照片。这次对甘博来说终生难忘的旅行，也让他亲身感受到了军阀混战带给中国的苦

骑毛驴的西德尼·D·甘博　秦皇岛山海关 1917—1919　60B-647

难，目睹了中国劳动人民的勤劳、善良和贫苦的生活。

　　西部之旅结束后，甘博决定前往北京探望在普林斯顿大学北京中心服务的校友伯杰斯（J. Stuart Burgess），并很快决定留下来一道参与中心的工作。当年秋天，甘博又前往天津考察，亲眼目睹了1917 年天津大水灾后的惨状，拍摄了 100 多张社会各界赈济灾民的照片。1918 年初，甘博参与了普林斯顿大学北京中心为美国传教士舍伍德·艾迪（G. Sherwood Eddy）筹划的在中国进行的第三次大范围布道活动。从 1918 年 2 月至 5 月底，甘博随同艾迪布道团访问了包括香港、澳门在内的 12 个中国城市，并借此机会重返了阔别 10 年之久的杭州，在这个梦幻般的城市里拍下了大量的照片。

布道期间，甘博与中国社会各界广泛接触，甚至在广州还会见了孙中山先生。7月27日，甘博收到北美基督教青年会国际委员会主任的邀请函，正式成为北京基督教青年会的一员。旅居北京期间，甘博还到河北张家口、承德、唐山、昌黎、滦县、秦皇岛等地的长城遗址参观，留下了许多珍贵的照片。

1918年9月至1919年12月间，在中方助手陈焕章（C. H. 陈）、梁载治先生的协助下，甘博对北京市展开了一次全面的社会经济调查。北京公理会会员、华北协和语言学校学习中文的传教士、燕京大学的部分学生参与了调查，帮助走访了大量的政府机关、商业机构、学校、医院、教会、警察署、娱乐场所等，收集了丰富的第一手数据。1919年底，甘博携带这些资料返回了美国，花了一年的时间对这些资料进行统计、研究和写作，于1921年在纽约都兰出版公司出版了《北京的社会调查》(Peking, A Social Survey) 一书。1922年，还在美国的甘博参与创建了燕京大学社会学系。

1924—1927：第三次中国之旅

甘博1919年回国的一个重要原因，是已近而立之年的他还没有解决个人婚姻问题。而甘博的母亲对于三个儿子的择偶标准提出了近乎苛刻的要求，未来的儿媳妇必须符合10个条件：确认你离开了她不能生活；家庭背景较好；不能是护士；年龄般配；大学毕业；充满理想；热衷于社会服务等。作为最听话的老二，甘博不能不认真对待母亲的意见。

在纽约参加一次婚礼的偶然机会，甘博认识了毕业于麻省赫立欧克山女子学院的伊丽莎白，其时她正在纽约社会工作学院进修，

西德尼·D·甘博与夫人伊丽莎白　北京 1925　494-2849

也是基督教女青年会的会员。两人一见钟情，接下来发生的一切都是那么顺理成章。弟弟克拉伦斯于1921年写道："我经常怀疑他之所以舒舒服服地待在这个国家，并不是由于那片母爱大草原提供给他的豪华舒适的生活。如果他能找到合适的伴侣，我敢说他一分钟都不会多待，会马上回到中国。"果不其然，1924年1月18日甘博和伊丽莎白在纽约州汉密尔顿伊丽莎白的家乡举行婚礼后，开始蜜月旅行，经纽约州由提卡、俄亥俄州辛辛那提、伊利诺伊州芝加哥抵达帕萨迪纳。两周后夫妇二人于1924年2月21日在旧金山登上"威尔逊总统"号客轮，启程返回北京。当3月底甘博夫妇乘坐的火车抵达北京前门火车站时，京师警察厅出动了30人的乐队为之举行了一个热烈的欢迎仪式，现场演奏的美国内战时期军歌《当约翰尼迈步回家时》将气氛推向了高潮。

回到北京后，甘博夫妇随即进入华北联合语言学校学习中文，同时再次以北京基督教青年会自费干事的身份，展开对北京人力车夫和人力车行业、市民家庭生活和经济状况的社会调查，并在燕京大学、协和医学院和美国女子学院任教。在此期间，甘博结识了一位与他同龄且同为普林斯顿大学校友的中国朋友——以推行平民教育而闻名的晏阳初先生①。晏阳初非常看重甘博的社会调查专业经

① 晏阳初，原名兴复，又名遇春，字阳初，1890年10月出生于四川巴中四代书香之家，1913年就读于香港圣保罗书院(香港大学前身)，后转美耶鲁大学主修政治经济，1919年又入普林斯顿大学研究院，攻读历史学，获硕士学位，后被美国锡拉丘兹等三所大学授予荣誉博士学位。他一生致力于实施平民教育，曾许下诺言，一不做官，二不发财，将终身献给劳苦大众，被誉为"世界平民教育运动之父"。

西德尼·D·甘博与同事会心一笑　北京妙峰山 1925　587-3419

验，决定聘请他担任平民教育运动促进会（简称平教会）研究部唯一的一名外籍干事，而甘博则希望通过平教会在北京郊区的影响开展乡村调查，但因第二次直奉战争爆发而使他们的合作中止。甘博还利用闲暇时间数次前往北京西郊妙峰山进行考察和摄影。

　　1926 年 3 月 21 日，甘博夫妇的第一个孩子凯瑟琳·C·甘博在北京出生，甘博的母亲和姨母及伊丽莎白的父母专程来北京探望。1926 年冬，也在北京基督教青年会工作的伊丽莎白的妹妹因病不幸在北京辞世。这件事对甘博夫人打击很大，考虑到刚出生不久的女儿和动乱的社会局势，伊丽莎白决定带女儿返回美国。1926

年底，甘博送夫人和女儿回到纽约，并于第二年3月返回北京，继续他的北京家庭经济状况的调查工作。这项工作直到1927年11月30日才结束，甘博和他的助手收集了283个北京家庭的完整收支账目，研究成果发表在他1933年出版的第三本著作《北平市民的家庭生活》（*How Families Live in Peiping*）中。1927年春，甘博接到平教会的邀请，以平教会研究干事的身份赴河北定县，为平教会社会调查部规划乡村调查工作，并决定每年为平教会社会调查活动资助8400美元，共为期三年。在完成对定县乡村调查的规划和北京家庭经济状况调查工作之后，甘博再次返回了美国。

回国探亲的甘博沉浸在与家人团聚的幸福之中。他在纽约市布朗克斯区新建了一所住宅，一边忙于处理家务，一边还与中国的平教会社会调查部保持密切联系，关注着河北定县乡村社会调查的进展。1929年，甘博当选普林斯顿——燕京基金会主席。基金会取代了普林斯顿大学北京中心的工作。作为首任主席，甘博既要负责基金会的日常事务，还要分管燕京大学的财务预算。

1931—1932：第四次中国之旅

1931年夏天，甘博第四次也是最后一次旅居中国。为了协助平教会完成乡村社会调查工作，甘博在河北定县生活了6个月。他在写给北美基督教青年会国际部的报告中说："我住在一户中国人家里，吃中国饭，每个月的开销只有15个金元……这里只有六位外国人，平教会有两个。在定县就像生活在中国内地一样，每天过得都饶有兴趣，从不寂寞。我十分荣幸能够作为平教会社会调查的一员。"甘博1954年出版的英文版《定县：华北农村社区》

西德尼·D·甘博和平民教育运动书记　河北定县 1931　630-3679

（*Tinghsien：A North China Rural Community*），就是以这次社会调查为基础的。

1932 年 1 月 28 日，驻上海的日军突然向驻守闸北的中国守军发起进攻，"一·二八"抗战就此爆发。2 月 23 日，甘博从上海启程返回美国。从此以后，由于抗日战争、解放战争、抗美援朝以及中美长时间的敌对关系，甘博再也未能重新踏上中国的土地。1968 年 3 月 29 日，甘博在纽约逝世，享年 77 岁。

20 世纪 80 年代以后的故事

时间一晃就到了 1984 年。有一天，身为普林斯顿大学亚洲协会董事的凯瑟琳·科伦夫人——甘博的长女参加了一次协会的会议，会上她惊讶地发现"投映在墙上的那些关于中国风土人情的幻灯片是父亲拍摄的，这些幻灯片美丽且带有奇异的色彩"。这一发现引起了新上任的协会执行主任艾斯特（Jason P. Eyster）的强烈兴趣，因为他一直在研究协会的发展史，经常读到甘博这个名字，于是决定登门拜访甘博遗孀伊丽莎白夫人。甘博夫人将艾斯特领到家中三楼的一个壁橱前，从中拿出几个檀木盒子，里面存放了几百张手工着色的玻璃幻灯片，另外还有几个鞋盒，里面满满地装着近 6000 张黑白照片的底片。1986 年，凯瑟琳·科伦创办了西德尼·D·甘博中国研究基金会。2005 年凯瑟琳·科伦在为中译本《北京的社会调查》题写的序言中写道："直到现在，我依然能清晰地记得 20 多年前的那个时刻：我第一次打开了檀木盒子，取出了一张玻璃幻灯片，对着光线查看上面的影像。当时怎么也不可能想象，我会由此踏上了一条漫长的道路。这条道路通向北京，通向我父亲曾经度过愉快而硕果累累的岁月的城市，通向我的出生地。"

以上就是西德尼·D·甘博和他身后 6000 张黑白照片的感人故事。

然而，这个故事还远没有结束。甘博的照片被意外发现后，纽约华美协进社①在甘博中国研究基金会、史密森尼学会的协助下，策划了首次甘博摄影展的工作。他们从甘博近 6000 幅照片中精选了 81 幅，经严格考证和研究后，在美国和加拿大的 19 座城市举行了巡回展览。活动从 1989 年持续到 1992 年，包括华人在内的成千上万的观众前往参观了展览。

北美巡回展览的成功，使凯瑟琳·科伦夫人萌生了让父亲摄影展重回他毕生研究和热爱的中国的愿望，她希望更多的中国人看到父亲的作品！中国学者、西德尼·D·甘博研究基金会中国部主任邢文军先生②协助联系了中国摄影家协会、北京文化艺术基金会、上海博物馆等多家单位，终于通过北京海音文化艺术有限公司的努力，获得了中国文化部的批准。1999 年，正值中华人民共和国 50 周年庆典之际，"风雨如磐：五四前后的中国——西德尼·D·甘

---

① 华美协进社（China Institute）是 1926 年由美国著名教育家约翰·杜威（John Dewey）、孟禄（Paul Monroe）和中国学者胡适、郭秉文等共同创建的一家文化机构，旨在通过各种教育与宣传活动，向美国人民介绍中国文化与文明，其社址设在纽约市曼哈顿区。

② 邢文军，早年毕业于北京外国语学院英语系，后留学美国，在马萨诸塞大学阿默斯特分校州立大学历史系攻读中美现代史博士学位，完成了题为《社会福音、社会经济学和基督教青年会：西德尼·D·甘博和普林斯顿北京中心》（*Social Gospel*，*Social Economics and the YMCA*：*Sidney D. Gamble and Princeton-in-Peking*）的博士论文。

博 1908—1932 年中国摄影展"在北京天安门广场东侧的中国历史博物馆举行。这次展览展出了由科伦夫人、华美协进社副社长贾楠（Nancy Jervis）女士、北京海音公司总策划海蒂女士和邢文军先生一道精选的甘博摄影照片 210 幅。从 1999 年直至科伦夫人逝世的 2007 年，甘博摄影在中国的 27 座大中型城市进行了巡回展览，无数党政领导、大学教授、历史学家、摄影家、新闻记者、工人、农民、在校学生以及离退休人员，前往参观了展览，有的还写下了感人肺腑的留言。

甘博中国研究基金会也在 1988 年、1989 年和 2004 年协助出版了三部相关摄影集：《西德尼·甘博的中国，1917—1932：这片土地和它的人民》（1988 年）、《变革中的中国：西德尼·甘博 1917—1927 摄影集》（1989 年）和《重访西德尼·甘博的中国：西德尼·D·甘博 1917—1931 摄影集》（2004 年）。

正是一份"变革中的近代中国"的展览目录，促使杜克大学图书馆视觉资料馆员邀请凯瑟琳女士将甘博摄影集存放在杜克大学鲁宾斯坦珍稀图书与手稿图书馆（David M. Rubinstein Rare Book and Manuscript Library）。2006 年 3 月，杜克大学正式获得允许收藏甘博摄影集。从 2006 年 10 月开始到 2007 年春，杜克大学图书馆将甘博摄影作品全部进行了数字扫描，首次将甘博的摄影作品在杜克大学图书馆数字收藏网站上完整、公开地呈现，并保留照片集原来的编码。该馆中国研究员周珞女士将每张照片的英文标题翻译成中文并更新地名，制作《甘博旅行中国地图》和方便查询的检索系统，为有兴趣了解甘博及民国早期中国社会状况的专家、学者和普通民众提供教学、研究和学习支持。

2013 年 6 月到 2014 年 5 月，周珞女士与杜克大学教授洪国君先生利用甘博摄影数字收藏策划了在中国人民大学博物馆、首都图书馆、北京大学图书馆和北京新文化运动博物馆的系列展览：《一百年前的北京社会——西德尼·甘博摄影图片展》①。

以"风雨如磐：五四前后的中国——西德尼·D·甘博 1908—1932 年中国摄影展"的精选照片为基础，邢文军、陈树君编纂了《风雨如磐：西德尼·D·甘博的中国影像：1917—1932》一书，由长江文艺出版社 2015 年 8 月出版。该书以六章的篇幅，以图文的形式，对甘博在中国四次旅居经历、民国时期的重大历史事件（如"五四"运动、五卅惨案、孙中山葬礼等）、城乡居民生活、手工业劳动者、宗教信仰和民俗、北京旧城建筑和社会状况进行了全方位的记录和报道。该书也于 2017 年 1 月以《百年凝视：西方镜头下的变革中国，社会经济学家甘博 1917—1932 记录的历史瞬间》为题名，在台湾地区野人文化股份有限公司出版。而在此之前，浙江大学沈弘教授选用了甘博于 1917—1919 年间在杭州拍摄的一组总数为 176 张的老照片，编纂了《西湖百象：美国传教士甘博民国初年拍摄的杭州老照片》，"来探索甘博根深蒂固的杭州-西湖情节，以及他在表现这个古老城市人文景观时所采用的独特视角"。该书 2010 年 8 月由山东人民出版社出版。

甘博从不吝啬将自己的镜头转向学生和近代中国教育。在他超

---

① Beijing Through Sidney Gamble's Camera. Curators：Guo-Juin Hong, Luo Zhou；Co-curators：Jason Tonio Woerner, Ana Huang, Kshama Kumar.

过 350 多幅反映早期民国教育的摄影作品中，既有儒家教育的印记，又有慷慨激昂的"五四运动"；既有呕心沥血的平民教育家，又有接受教育的残疾儿童、孤儿、穷苦儿童和教养院青少年；既表现特殊教育、职业教育的场景，又展示女子教育、教会学校的风貌；既有传统庙堂，又有西式校园建筑。这些珍贵的图像资料不仅对了解和研究 20 世纪初期中国教育的状况会有很大帮助，而且对现代中国教育也具有极大的启发意义。

本次编纂即以民国教育为主题，精选甘博 1917—1932 年间所摄照片 182 幅（其中多数为首次出版），按儒家教育、基督教育、学前教育、孤儿教育、女子教育、对外汉语教育、实业教育、特殊教育、平民教育等专题，分为 14 章，力求从不同角度、不同侧面反映民国教育的真实景象。每章之前，首先概述各专题方面民国教育的总体情况，然后依照片拍摄的对象、地点和时间归类叙述，每张照片均有详细的文字说明和背景资料。

本书所选用照片的编码录自杜克大学图书馆甘博照片集。对于拍摄的具体时间，编者根据甘博的活动轨迹、照片的拍摄内容以及照片编码的自然顺序，并参考邢文军、陈树君先生所著《风雨如磐》，做了综合推断，然后补入。对于原始照片没有明确标明拍摄对象的，编者经过细心的文献考证后，均给出了明确的说明。照片的中文标题和地点以杜克大学图书馆的中文翻译为主，某些照片经考证或校对后做了修正。需要指出的是，甘博的照片使用了两种大小不同的胶卷：大相机的胶卷底片为 3.5×4.5 英寸，每卷 5~6 幅，照片用 A 表示；小相机的胶卷底片为 2.25×3.25 英寸，每卷 12 幅左右，照片用 B 表示。不同胶卷再按自然序列给照片编号①。比如 70A-384，表示 A 相机第 70 卷胶片总第 384 张照片；72B-779，表示 B 相机第 72 卷胶片总第 779 张照片。但 A 相机胶卷在后来的排序中，字母 A 被省略了。也有少量照片的编码在数字序号之后还加上字母 A、B、C 等，以区别在同一场景下拍摄的多张照片。

本书编纂缘起于庆祝由杜克大学和武汉大学联合创办的非营利性的中外合作办学机构——昆山杜克大学于 2018 年秋开启四年制本科生教育②。在编写过程中，我们得到了杜克大学图书馆和昆山杜克大学的大力支持。杜克大学图书馆为本书所选照片提供了高清晰度的原图，并授权出版。杜克大学图书馆副馆长及鲁宾斯坦图书馆分馆馆长奈尔森（Naomi Nelson）博士、艺术档案部主任麦卡塔尼（Lisa McCartyn）女士和中国研究图书馆员周珞女士对本书的选题提出了宝贵意见并及时解答与照片相关的问题。昆山杜克大学为即将出版的本书中英文对照精装版的出版提供了资金保障。昆山杜克大学战略规划副院长李含果先生积极支持出版本书。该校图书馆行政助理刘晓森、研究与教学支持助理朱颖在前期背景介绍的资料准备，照片的检索、下载和整理方面做了大量工作。武汉大学信息管理学院图书馆分馆馆长严红女士热心为两位编著者和出版社牵线搭

① 邢文军、陈树君：风雨如磐：西德尼·D·甘博的中国影像（1917—1932）[M]. 武汉：长江文艺出版社，2015：12.

② 昆山杜克大学旨在开创世界一流的研究型综合性大学，为来自中国及全球的学生提供多样化的通识博雅教育。它于 2013 年 9 月获得中国教育部批准正式设立，于 2014 年秋季迎来首批研究生和本科生第二课堂项目学生。见 https://dukekunshan.edu.cn/zh/about。

桥，并对该书的选题和形式提出了宝贵意见。武汉大学信息管理学院研究生李瑞龙、卢彤、陈梦石、宋时雨等参与了文献资料的搜集工作。编者特向他们致以最诚挚的谢意！

本书的体例以及关于甘博的生平介绍，参考了邢文军、陈树君编纂的《风雨如磐：西德尼·D·甘博的中国影像：1917—1932》和杜克大学图书馆甘博摄影数字收藏中关于甘博的简介。在此一并致谢！还需要指出的是，本书的许多事件和史实的描述主要参考了甘博《北京的社会调查》一书。我们谨此向甘博先生致以崇高的敬意！

我们在这里还要特别感谢两位备受尊敬的国际著名教育家、大学校长：刘道玉先生和理查德·H·布罗德海德先生。年逾85岁的中国当代最杰出的教育家、高等教育改革的践行者、1981—1987年担任武汉大学校长的刘道玉先生不仅欣然答应我们的请求，而且详细询问相关细节，非常认真地阅读本书书稿。他写出的不是简单的序言，而是对中国高等教育充满热切期盼的内心呼唤！杜克大学第九任校长（2004—2018年）、昆山杜克大学名誉校长理查德·H·布罗德海德先生不仅为杜克大学屹立世界一流大学之林做出了卓越贡献，而且将最优秀的美国大学的教育模式输入中国，领导建立了昆山杜克大学。他即将于2019年3月亲赴昆山杜克大学为第一届本科生授课。1月初收到我们的电邮后立即回复愿意为本书写序，并希望可以读到全书。在本书即将付梓时，我们欣喜地得知甘博先生的外孙女麦克菲女士和外孙科伦先生也非常愿意为本书写序。他们利用周末的宝贵时间，廖廖数语为我们勾勒了外祖父和母亲对中国的深情厚谊、6000张老照片背后的故事和对本书的期许。

两位校长和甘博后人对我们的大力支持和鼓励，十分令人感动。

武汉大学出版社郭静编辑从本书的计划到成型，对编著者所提各个方面的问题始终给予耐心细致的解答，对平装、精装版的设计、装帧、发行等也提出了建设性意见，没有她和美术编辑涂驰、韩闻锦的精心策划和认真编辑，就不会有本书美丽的呈现。

本书在编写过程中，因编著者水平和时间有限，错误疏漏之处难免，还望方家批评指正。

编者

目　录

Contents

第一章　儒家传统教育的印记

　　清光绪三十一年(1905 年)九月二日，中国发生了一件大事。这件事究竟有多大呢？用严复的话说就是："此事乃吾国数千年莫大之举动，言其重要，直无异古者之废封建、开阡陌。"①清廷在这一天颁诏："自丙午科(光绪三十二年)始，所有乡试、会试一律停止，各省岁科考试亦即停止。"至此，在中国实行了 1300 年的科举制被废除。民国以后，科举制虽不复存在，但儒家教育仍以其他形式保存下来，孔庙及祭孔仪式就是其中重要的一种形式。

一、文庙　重庆 1917

　　甘博在中国的几次旅行途中，在重庆、曲阜、南京、福州、北京等地拍摄了 30 余张孔庙(又称文庙)的照片，下面三张文庙的照片是甘博 1917 年访问重庆时拍摄的。

　　重庆府文庙建于宋绍兴年间(1130—1162 年)，明洪武四年

---

　　①　王栻. 严复集(第 1 册)［M］. 北京：中华书局，2003：166.

（1371年）重建。经明、清两代不断扩建，清光绪三十二年（1906年）升为大祀。宣统元年（1909年），川东道台朱有基改建庙制，扩大文庙规模。不料刚竣工，"辛亥革命"就发生了。文庙主要建筑包括大成殿（34B-364）、崇圣祠、明伦堂、尊经阁、魁星阁、仓圣阁等。1919年8月28日，重庆留法预备学校成立，校址就设在重庆文庙内。1919年9月，15岁的邓小平从家乡广安乘船来到重庆的留法预备学校就读，一年后赴法国留学。

重庆文庙门外有一个泮池，也就是夫子池。夫子池东北处不远就是魁星阁（34B-365），为三楼一底塔楼式建筑，寓意魁星高照，金榜题名。1932年重庆市政府将泮池填平为公共体育场。魁星阁也在中华人民共和国成立后被拆除。

文庙大成殿　重庆1917　34B-364

文庙魁星阁　重庆 1917　34B-365

文庙门前的士兵　重庆 1917　34B-366

明末清初有"天下未乱蜀先乱，天下已治蜀未治"的说法，说明四川这个地区战乱频仍。有人曾粗略地统计过，从1912年成都"省门之乱"到1935年蒋介石势力入川为止，四川军阀大小战争不下487次（一说479次），规模较大的29次，牵连到滇、黔、陕、鄂四省，平均不到一年便有一次大规模的战争①。照片34B-366显示，1917年的重庆文庙门前站满了士兵，里面可能驻扎了军队，可谓斯文扫地。

二、孔庙及祭孔典礼　北京1917—1924

甘博在北京停留期间，多次到北京孔庙考察，共拍摄了十几张相关照片，内容涵盖建筑、人物和祭孔活动。尤其是祭孔大典的系列照片，特别珍贵。

北京孔庙始建于元成宗大德六年（1302年），后经明、清多次扩建和修葺，成为明清两朝皇帝祭孔的地方。它位于北京古城的东北，现东城区的国子监街（成贤街），占地面积2.2公顷。北京孔庙中轴线上的主体建筑为先师门（棂星门）、大成门、大成殿、崇圣祠，其中大成殿是祭祀的主体空间。

这张图是1917年甘博拍摄的北京孔庙大成门（104-583）。大成门位于第一进院落和第二进院落之间，黄瓦飞檐，重基石栏，中有

---

① 陈金川.地缘中国——区域文化精神与国民性格（上）［M］.北京：中国档案出版社，1998：392.

孔庙大成门　北京 1917　104-583

螭陛。门内东、西各立着十二支戟，所以又称戟门。"大成"二字出自《孟子·万章下》"孔子之谓集大成者"语。

民国时期，祭孔大典是儒家教育的一项重要仪式。民国二年（1913年）6月22日，大总统袁世凯发布"尊孔祀孔令"，宣称"天生孔子为万世师表"。同年10月31日，由袁世凯炮制的《天坛宪法草案》经起草委员会通过，其中第19条规定："民国教育以孔子之道为修身大本。"11月26日，袁世凯再下"尊孔令"，令"所有衍圣公暨配祀贤哲后裔，膺受前代荣典祀典均仍其旧"①。民国三年（1914年）2月7日，袁世凯又通令各省祭祀孔子，以春秋两丁为祀孔之日，行祀孔礼。9月28日，袁世凯亲自带领各部总长并文武官员，穿着新式祭服，在北京孔庙举行了秋季祀孔典礼。自民国四年（1915年）后，全国各地全面恢复了祭孔活动，并一直持续到1948年。

祭孔大典的前一日，要宰杀猪、牛、羊，并整只烹好摆放于孔子灵位前，即所谓"太牢三牲"；另将清洗调制好的瓜、果、菜、蔬、鱼、肉、稻、谷等食物分装在礼器中，按顺序整齐地摆放在孔子灵位前。是日午夜过后，参祭人员便忙碌起来，烛火荧荧，人头攒动，各司其职，各安其位。参祭人员主要由主祭官、陪祀官、分献官和司礼人员（通赞、引赞、鸣赞、读祝生及乐舞生）组成。

---

① 第二历史档案馆．中华民国史档案资料汇编·第3辑·文化［M］．南京：江苏古籍出版社，1991：5-6.

祭孔典礼　北京1924　407-2338

　　祭典在钟鼓齐鸣中开始，参祭人员列队缓缓步入孔庙大成殿前，在司仪的引导下行祭孔之礼，整个过程分为迎神、初献、亚献、终献、撤馔、送神六大步骤，寓意迎接孔子的神灵、祀飨孔子的神灵（向孔子的灵位献帛、献酒，宣读祝文）和恭送孔子的神灵。典礼的高潮是"三献礼"，主祭官在大成殿前向孔子灵位献爵、奉帛、行跪拜礼。

　　孔子生前最讲礼制，而乐舞是礼制的象形符号，因此乐舞伴随着祭孔仪式的全过程。光绪三十二年（1906年）升祭孔为"大祀"，按帝王之礼使用"八佾舞"。祭孔乐舞以乐、歌、舞三位一体的形式颂扬孔子一生的功德。清康熙、乾隆间曾为祭孔专门颁定了"中和韶乐"，曲名为"咸平"、"宁平"、"昭平"、"宣平"等，应

"天下太平"之意。其乐器强调"华夏正声"的原则，基本上是传统的民族乐器，分金、石、土、革、丝、木、匏、竹八音，计有笙、笛、管、箫、埙、篪、凤箫、琴、瑟、编钟、编磬、搏拊鼓、应鼓等19种乐器。照片408-2345中出现了玉磬、古琴等乐器。

"八佾舞"的每一个动作代表一个字，四个动作为一组，即四字赞语，串联起来就是歌颂孔子的诗句。文舞生左手持龠（一种竹制的似笛而短小的乐器），右手持羽（雉尾），象征文德；武舞生则

孔庙乐器　北京1924　408-2345

持雍尾的少年　北京1924　407-2339

手持干戈，象征武德。稳重凝练、刚劲舒展的舞姿及古朴典雅、雍容华贵的服饰，充分体现了舞蹈语言的艺术魅力。

三、江南贡院　南京1918

江南贡院位于南京秦淮河畔夫子庙学宫东侧，迄今已有800多年的历史，是中国规模最大、也是目前保存最好的古代科举考场。据《南窗纪谈》记载，建康（南京）贡院始建于南宋孝宗乾道四年

（1168 年），起初占地面积不大，后经明、清两朝不断扩建，至清同治鼎盛时期有号舍 20644 间，可接纳 2 万名考生同时考试。另有主考、监临、监视、寻察及同考、提调执事等官员的官房千余间，加上膳食、仓库、杂役、禁卫等用房，水池、花园、桥梁、通道、岗楼等用地，规模之大、占地之广、房舍之多，居全国贡院规模之冠。

江南贡院的标志性建筑为明远楼，始建于明嘉靖十三年（1534 年），清道光年间重建，是江南贡院保存最完好的建筑之一。它位居贡院中部，楼高三层，底层四面为门，楼上两层四面为窗，原

江南贡院 南京 1918 164-917

本是用来监视应试士子和院落内执役员工的设施。大门上悬有"明远楼"三个金字。"明远"二字取自《大学》中的"慎终追远，明德归厚"。

科举制废除后，江南贡院亦闲置无用。民国七年（1918 年），在"拆贡院，辟市场"的倡议下，江南贡院的大部分被拆除，除保留明远楼、至公堂、衡鉴堂、飞虹桥及少量号舍、22 方明清碑刻作为文物外，余下部分全被拆除，辟为市场。

四、科举考场　开封 1918

河南开封贡院与北京顺天贡院、南京江南贡院、广州两广贡院并称"中国四大贡院"。光绪二十七年（1901 年），慈禧太后和光绪皇帝从西安"回銮"，途经开封。这一年本是大清国大比之年，时值光绪帝三旬万寿，于是决定将当年的正科改为恩科，正科则推迟一年。而在"庚子之乱"中，京城的贡院被毁，不得已，慈禧太后下诏，将光绪壬寅、癸卯与甲辰连续三年举行的两科乡试与两科会试放在开封的河南贡院举行。将会试地点放在京城以外举行，这在中国历史上是绝无仅有的。赴考的士子（乡试）达数万人和举子（会试）数千人。与他们一起到来的，还有各路钦差、考官，举子们带来的书僮、仆役，以及随之而来的贩夫、商贾、优伶和艺妓，可以想见开封城运河码头，舟船往返，人头攒动的热闹场景。

科举考场　开封 1918　127-714

　　1918 年，甘博在开封拍摄了一组河南贡院考棚的照片。考棚依《千字文》字序排列，每排考棚被隔成约 20 个单间，形似牢狱。考生每人一间，约八尺深，四尺宽，中间横置木版作为书桌，下面放一张凳子。举子们按号进入号舍考试，三天之后散场才允许出来。由于录取名额有限，竞争非常激烈，要想取得"举人"的地位相当不易。因此，考棚上留下了考生们的牢骚诗，诸如"眼前三尺地，头上一线天"、"墙外蟋蟀叫，夹道萤火明"、"未登青云路，先进枉死城"等，可见应试者当年的心态。

这是正在拆除中的砖瓦结构的考棚，地上堆满了散放的砖块，不远处还有一个用砖头垒起来的大垛子，一派破败景象。

1904 年最后一次会试在河南贡院举行。次年，历经 1300 年的科举制度宣告结束。河南贡院因此成了中国科举制度终结的见证地。"辛亥革命"后，河南贡院被改为河南省参议会会址，后又在此成立了"河南留学欧美预备学校"（即河南大学前身）。今天，河南贡院的旧址在河南大学校内外语楼一带，原贡院建筑已无保存，仅留有两通贡院碑。一通是《改建河南贡院碑记》，立于雍正十年（1732 年），碑文为河南巡抚田文镜撰写；另一通是《重修河南贡院碑记》，立于道光二十四年（1844 年），碑文为当时的河南巡抚牛鉴所撰。

五、石岭孔庙　湖州 1918

这张照片（135-759）应该是甘博 1918 年访问宁波、余姚、湖州、绍兴和杭州期间拍摄的，反映了浙江地区县一级文庙的建筑特点。石岭，在今浙江省湖州市安吉县境内。湖州在明、清时期曾设一府七县（湖州府、乌程县、归安县、长兴县、德清县、武康县、孝丰县、安吉县），历史上府有府文庙（府学），县有县文庙（县学），均依"左庙右学"的格局而建。

石岭孔庙　湖州 1918　135-759

六、夫子庙　南京 1924

　　南京夫子庙位于秦淮河北岸，东临贡院西街，西接文德桥，北抵学宫。北宋景祐元年（1034 年），自浮桥东北迁文宣王庙于府治东南，系按"前庙后学"的形制与学宫同时兴建，以供学子们祭祀孔子，时称"文宣王庙"。因世人尊称孔子为夫子，故俗称"夫子庙"。明清期间，南京文庙为东南各省之冠。其布局分为内、外两部分：内部为庙宇构筑，即大成殿及廊房等设施组成的四合院；外部为附属建筑，主要包括牌坊、甬道、护栏、泮池、照壁及聚星亭、魁星阁等。文庙内外部分的主体建筑与学宫的主体建筑均在同一条轴线上，由大成门的单层单檐，到大成殿的单层重檐，再过渡到尊经阁的三层重檐，呈现南低北高、渐次递增的趋势。

大成殿位于大成门北面，是祭祀孔子的正殿，始建于北宋景祐元年(1034年)，后经过多次战火的焚毁和重建。民国前最后一次

夫子庙　南京1924　361-2064

15

重建，是在同治八年(1869 年)。甘博 1924 年访问南京时，拍下了夫子庙大成殿(见 361-2064)。1937 年南京沦陷，夫子庙遭到严重破坏，大成殿与思乐殿、魁星阁、得月台等建筑均被日寇焚毁。我们今天看到的大成殿是依据该照片的样式重建的。

七、国子监　北京 1925

　　北京孔庙的西侧，就是国子监。它与孔庙的建筑协调一致，表现出左庙右学的关系。孔庙先师门面临的东西街道两头，分别立有四柱三间的木牌楼，东边的上书"成贤街"，西边的上书"国子监"。由于孔庙和国子监两组建筑关系密切，又有北京国学孔庙之称，兼具祭祀和教学的功能。国子监，实际上是中国古代的最高学府，但它同时又有管理教育行政的职能，是一级行政机构。

　　国子监中轴线上的建筑依次为集贤门、太学门、圜桥教泽牌坊、辟雍、彝伦堂、敬一亭。第一进院东面有敬持门与孔庙相通。辟雍是国子监的核心建筑，清乾隆四十八年(1783 年)修建，是一座长宽均为 17 米的方形殿宇。"辟雍"本是周天子所设的太学，古代建成四面环水、圜如璧形。该殿建在圜河中叠石的方基之上，面阔七间，殿为重檐四角攒尖顶，宝顶镶嵌着金色火珠，殿四面设门，周廊环绕，并以圜水围绕着辟雍。这种别具一格的建筑形式，构成所谓的"辟雍泮水"，象征教化圆满。

　　圜桥教泽牌坊是一座三间四柱七楼庑殿顶式琉璃牌坊，也是北

国子监　北京 1924　405-2329

圜桥教泽牌坊　北京 1925　472-2718[1]

京唯一不属于寺院的琉璃牌坊（照片 472-2718）。楼上覆黄色琉璃瓦，架以绿色琉璃斗拱。建筑通体精致、大气、华美。牌坊正反两面横额均为乾隆皇帝御题，是中国古代崇文重教的象征，修建于乾隆四十八年（1783 年）。我们从甘博的这张照片中，依稀能辨认出横额上"圜桥教泽"四个大字。横额的背面还有"学海节观"四个大字，意为听讲者众多，要靠水道将学生分隔开来。

照片 405-2329 中一个光着上身的小男孩站立在圜桥教泽牌坊正中的门洞口，他的身后就是辟雍大殿。这座大殿建于乾隆年间，是皇帝讲学的殿堂。大殿为两重屋檐，上覆黄色琉璃瓦，大殿正面屋檐下，高挂着乾隆皇帝御书的"辟雍"匾额。与这种皇家气派形成鲜明对比的是那杂草丛生、荒无人迹的满目凄凉，还有那孩童稚气和茫然的眼神。

第二章　基督教青年会的活动

　　基督教青年会(Young Men's Christian Association，简称YMCA)是基督教性质的青年宗教和社会服务团体，其宗旨是通过基督信仰来推动社会服务，改善青年人的社会精神生活，净化社会文化环境。它由英国商人威廉·乔治于1844年创立于英国伦敦，1851年传入美国后，逐渐从单纯以宗教活动对青年进行福音教育的团体，发展成为以"德、智、体、群"四育为主要内容，推行社会改良主义，并广泛参与政治和社会活动的基督教外围组织。

　　基督教青年会分为两类性质，一类是以职业青年为主的城市青年会，一类是以学生为主的学校青年会。1885年和1886年，由美国传教士施美志(George Smyth)和毕海澜(Harlan P. Beach)分别在福建福州和河北通州建立了两所教会学校——英华书院和潞河书院，并都在学校成立了青年会组织。1895年，北美协会派遣在中国出生的来会理(D. Willard Lyon)牧师来到中国，用了一个月的时间考察了上海、北京、汉口、烟台等地。11月17日来会理来到天津，在天津创办了中国第一个城市青年会。之后，上海、福州、香港也相继成立了城市青年会。

　　1912年6月，基督教青年会经北京政府正式批准立案，成为合法的宗教组织。当时全国共有城市青年会 25 个，会员 11300 人；学校青年会 105 个，会员 3876 人。另外有外籍干事 87 人、中国干事 95 人①。10 月，青年会第六次全国会议在北京举行，决定在上海建立总部，改称"中华基督教青年会全国组合"。1915 年再次改名为"中华基督教青年会全国协会"。该会宗旨是"发扬基督精神，团结青年同志，养成完全人格，建设完美社会"，会训是"非以役人，乃役于人"②。

中华基督教青年会全国协会自成立后，对于引进和发展西式教育、推动中国社会的变革，不遗余力。美国著名的汉学界费正清（John K. Fairbank）教授这样评价它对现代中国社会的影响："从第一任总干事来会理 1885 年到中国直到 1949 年，青年会一直是中国社会改革的推动力。它对中国政治和社会发展方面产生的影响，在世界上任何其他国家和地区找不到同样的例子。"③中华基督教青年会全国协会先后在北京、天津、上海、广州、成都、南京、西安、杭州、厦门、武汉等建立了自己的分会。

1917—1919 年间，甘博先后拍摄了北京、广州、杭州、南京基督教青年会的相关照片。

---

① 中华基督教青年会. 中华基督教青年会 50 周年纪念册（1885—1935）[M]. 上海：青年会全国协会，1935：96.

② 张静如等主编. 中国青年运动词典[M]. 石家庄：河北人民出版社，1989：46.

③ ［美］邢军著；赵晓阳译. 革命之火的洗礼：美国社会福音和中国基督教青年会（1919—1937）[M]. 上海：上海古籍出版社，2006：5.

一、北京基督教青年会　北京 1917—1919

北京基督教青年会创立于 1909 年，它是由普林斯顿大学校友格林(Robert Gailey)和艾德敷(Dwight W. Edwards)应北京几家主要教会的邀请在北京组织成立的。最初，青年会的总部设在一家旧当铺里，后来在费城商人、也是当地第一家百货商场的所有人约翰·万纳美克(John Wanamaker)的资助下，在北京哈德门(崇文门)米市大街买下一块地皮，于 1911 年 4 月 25 日破土动工，至 1913 年 7 月，完成修建了一栋四层的西式现代化建筑。这里既是北京基督教青年会的总部，也是美国普林斯顿大学北京中心的所在地。

照片 110-616 中拍摄的就是北京基督教青年会大楼。它分一个主楼和两个配楼，主楼正面宽约 50 米，深 60 余米。主楼有宽敞的大礼堂、阅览室、台球娱乐室、办公室和一个标准的室内体育场。大礼堂分上、下两层，可以坐 800 人，并配有舞台设施以及电影放映机，可以举办音乐会、演讲和观看电影活动。主楼第二、三层设有教室、会议室、宿舍、厨房和餐馆，青年会开办的英语夜校就在这里上课。地下室甚至建有保龄球馆、澡堂和更衣室。据北京基督教青年会 1914 年 1 月 17 日的结算，大楼的总造价为 91801.43 美元①。

---

① 邢文军，陈树君. 风雨如磐：西德尼·D·甘博的中国影像(1917—1932)[M]. 武汉：长江文艺出版社，2015：40.

北京基督教青年会的创始人罗伯特·格林 1869 年生于马里兰州，毕业于普林斯顿大学，大学三年级时曾被评为全美橄榄球明星球员和全美最佳中锋。1898 年被北美协会派来中国，在天津创办了天津基督教青年会。在津期间，格林通过青年会组织了一场篮球比赛，成为篮球运动传入中国的标志。自 1906 年起，格林为筹办北京基督教青年会经常往返于京津两地。1909 年，北京基督教青年会和普林斯顿大学北京中心正式成立。青年会下设会务部、事务部、智育部、学生部等，由格林任总干事，艾德敷任副总干事。1910 年，北京基督教青年会成立了第一任董事部，由 7 位中国人组成，他们是诚静宜、陈在新、唐凯森、高诚斋、郭纪云、刘广庆和宋发祥。

照片 215-1199 应该是在北京基督教青年会大楼一侧拍摄的，照片居中身材高大者即罗伯特·格林先生。

据甘博的《北京的社会调查》，至 1919 年时，北京基督教青年会总共有 2500 名成员，他们当中很大一部分人在国民政府工作，另外大约有 250 名基督徒。青年会一般由一个中国理事会进行管理，负责提出预算，并在北京筹集资金用于支付当地工作的费用。1919 年，青年会工作人员中约有 24 名中国干事，预算费用超过 8 万元。青年会常设 7 个外籍干事以及 3~5 个短期工作人员，他们的费用则由普林斯顿大学的学生和校友捐赠。外籍干事和短期工作人员均来自普林斯顿大学的毕业生或毕业班实习生，他们很多在基督教青年会高中、夜校、商业财政学校教书，还有的在联合大学（燕京大学）社会学系任教。

基督教青年会大楼　北京 1917　110-616

罗伯特·格林和基督教青年会青年们　北京 1918　215-1199

北京基督教青年会的宗旨是"协助青年，本其自动的精神，兴趣的所在，以增进其人格的修养与服务的能力"①。这使得它在北京地区的文化体育事业中具有开风气之先的地位。针对青年学生的需求，北京基督教青年会开办了图书馆，"图书馆里有七八个玻璃柜的书，其中多为社会学的书，及俄国文学名著的英译本，如契科夫的戏剧集和短篇小说集、安德烈耶夫的戏剧集、托尔斯泰小说等"②。

照片 253-1425 拍摄的是北京基督教青年会大楼内阅览室的一角，8 位男青年正在埋头读书、看报。室内陈设比较简单，但采光和通风都很好。宽大扎实的实木书桌、椅子摆放灵活，冬天有暖气。当年的进步青年学生如瞿秋白、耿济之、许地山、郑振铎、瞿菊农等，就经常光顾这里。

基督教青年会积极参与中国的平民教育，开办夜校就是其中重要的方式之一，因为上课时间安排在夜间，所以对在职者非常有吸引力。北京基督教青年会在 1909 年创立之初，第一项工作就是建立一所英语夜校，对 200 名成年男子和男孩进行英语培训。学习期满经考核合格后，发给毕业证书。这是甘博拍摄的一张还没有填写内容的"北京基督教青年会英文夜学校"的空白毕业证书。

基督教青年会的日常活动是培养青年人的"德、智、体、群"

① 杨靖筠. 北京基督教史［M］. 北京：宗教文化出版社，2014：229.

② 徐伟志. 翻译家耿济之［M］. 北京：人民文学出版社，2016：8.

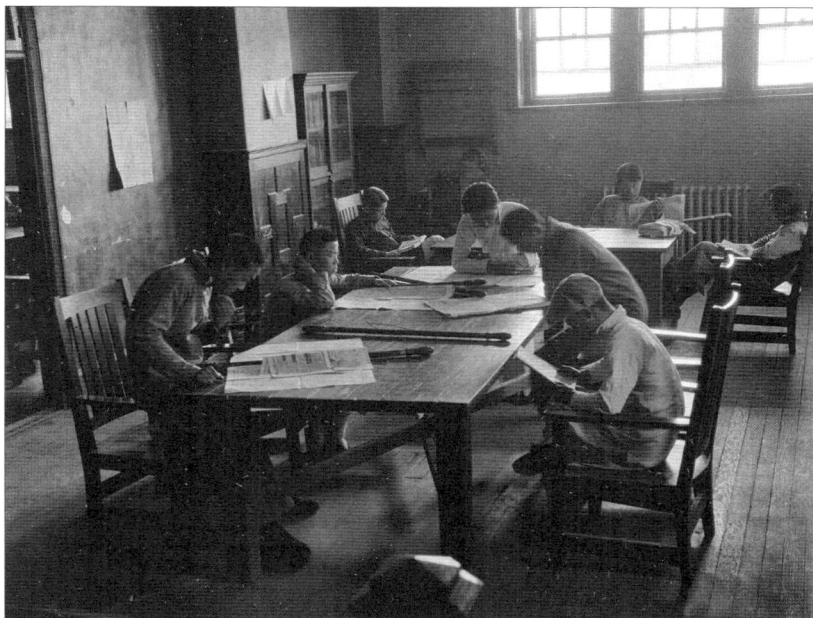

基督教青年会图书馆　北京 1919　253-1425

四育。德育，是通过查经班、宗教讨论会、演讲等形式，向青年灌输基督教的道德观念，培养他们的基督教信仰；智育，是通过开办半日学校、夜校、职业学校等方式对平民进行教育，提高他们的科学文化水平；体育，是通过举办各种形式的球类比赛、运动会等，以增强青年人的体质；群育，是通过开展诸如参观、旅游、社会调查等寓教于乐的活动，培养青年人服务社会的意识。

　　但对民国初期的中国来讲，要在底层民众中开展教育，首先最大的障碍就是民众识字率太低，因此进行广泛的扫盲运动就非常有必要。为了能被政府和社会广为接纳，青年会还积极寻求教外力量的支持，通过各种渠道兴办普通中学、职业教育、补习学校和义务学校，服务于社会。"民国二年七月间，藉报章之鼓吹，通俗夜学之法，渐见信于社会，于是各地正式开办者日多，供给是年所开之校，已有85所。至民国三年，又增学校91所，内有15所举行正式毕业礼，得证书者共计131人。迄至去年（编者注：1915年），各地开办者更为兴盛，按是年12月所印发之报告书，毕业之校又增加35所，毕业生增371人。"①青年会主办的中学是正规的学校教育，教育程度与普通中学相当。义务学校类似于慈善事业，面向社会底层无力受教育的贫民，教授语文、算术等。

照片203-1133是甘博在河北通州潞河书院拍摄的学校青年会使用的教材，中文和英文课本都有，但以英文为主。依稀能够辨认的中文教材有《珠算课本》，佛教的《大通真经》；英文课本有 *Geography of the World* 和 *Geography of China*，另外还有大量宣传基督教义的图书。

基督教青年会主张革除社会积弊，反对吸食鸦片、赌博、酗酒、缠足、纳妾、嫖娼等恶习，提倡改造人格。为此，青年会经常组织群育活动，通过举办联欢会、读书会、演讲会、聚餐、参观、旅游等社会活动，打破陈规陋习，传播近代文明；又组织各种俱乐部、摄影社、演剧社、健身班、网球会、口琴会、文学社等，开展

基督教青年会英语夜校毕业证　北京 1919　258-1476

基督教青年会课本　北京通县 1918　203-1133

丰富多彩的文体活动，引导人们接受文明的生活方式；另外还将征婚广告、集体婚礼等西方礼俗引入我国。基督教青年会在推动社会风气改良，提高市民道德水平和文化素质，以及社会救济和公益服务方面，都曾起过不小的作用。

照片254A-1429拍摄的是北京基督教青年会在黄庙举行野餐活动。黄庙是北京三宝寺的俗称，它是一座喇嘛庙，遗址在朝阳门外。照片中，堆放在桌上和地上的食物颇为丰富，吸引了不少青年会的成员和市民前来参加。

基督教青年会野餐　北京黄庙 1919　254A-1429

二、广州基督教青年会　广州 1918

广州基督教青年会是中国基督徒、西方传教士和基督教青年会北美协会三方努力的产物。1904 年广州西传教士大会召开，会上所有西教士联合致函青年会北美协会，请求派干事来广东筹办青年会。1906 年，北美协会派干事黎瑞到广东，负责筹办事宜。另一方面，广州基督徒梁小初、谢恩禄、叶梯云等人也有志于成立基督教青年会，并于 1907 年借叶梯云的寓所（普济女医馆）举行了多次筹备会议。1908 年后因人数增多，叙会改在刘子威的牙医馆举行。1909 年 11 月，广州基督教青年会正式宣告成立，租借五仙门外长堤浸信会旧址为会所，第一任总干事由中国人梁小初担任（一说由黎瑞担任）。

1911 年，广州基督教青年会用募集到的 6 万元，购得浸信会旧址和邻近的多间民房作为会所用地，北美协会又捐赠了 8 万元作为建筑费用。新会所于 1914 年 7 月动工兴建，1916 年竣工，建成会所主楼和体育馆大礼堂。1916 年 11 月 4 日，新会所举行了隆重的开门礼，广东省省长朱庆澜主礼，参会者 1500 余人。

会所主楼是一栋三层的西班牙风格的大楼（照片 147-824），大楼第一层设有大客堂、衣帽间、询问处、接待室、办公处、桌球室、室内体育馆、会堂等，还有露天操场和露天游泳池；第二层设有学校部课室、公共食堂和小礼堂；第三层为招待所，天台是花圃和蓄水池。大楼前有花园，内筑有喷水池。

在国民教育方面，广州基督教青年会开办了各类型的学校。除了固定开办的青年会中学、职业选科学校、劳工义务学校外，还在一段时期内开办了儿童义务学校、童子公民养成团等。广州青年会中学成立于 1910 年，起初称为商业学校，主讲商业知识。1911 年添设普通科，1920 年改名为青年会英文专科学校，1923 年又改名为青年会中学。1926 年秋改为"三三"制中学后，开设了国文、数学、英语、生物、化学、地理、历史、公民等科目。此外，还有体育课，分为高中及初中两组，每组每星期练习体操 2 小时。青年会选科学校创立于 1909 年，是为职业教育而设，课程最初只有英语一科，后来陆续添设了机械、图画、救伤、国语、打字等科目。劳工义务学校是为救济失业青年而设的，不收学费，课程注重简易实用，如国文、笔算、珠算、作文、习字、识字、公民、信札、默书、常识等。

照片 147-825 是 1918 年广州基督教青年会干事们在会所大楼前的合影，人群身后正门的横梁上清晰地刻有"纪念马礼逊"①五个大字。前排居中者为美国传教士舍伍德·艾迪（G. Sherwood Eddy），前排右三为广州基督教青年会创始人之一的梁小初先生。

---

① 马礼逊（Robert Morisson），英国传教士，1807 年启程来到中国，是西方派到中国的第一位基督新教传教士，在华工作 25 年，在许多方面都有开创之功。

基督教青年会大楼　广州 1918　147-824

基督教青年会干事们　广州 1918　147-825

三、杭州基督教青年会　杭州 1919

杭州基督教青年会正式成立于 1914 年，但可追溯到 1886 年杭州育英书院的学校青年会。建会初期，北美协会干事鲍乃德先生担任了首任总干事，还成立了董事部、干事部和有关服务机构。刚开始，杭州基督教青年会只是租用场地作为临时会所。

大方伯在今杭州市解放路与庆春路之间，明仁宗时期，布政使应朝玉在巷内建起了一座大宅邸，因布政使又称方伯，故得名大方伯巷。这所宅邸跨越横、直两条巷子，又有横大方伯、直大方伯之称（民国以后因扩建马路，只剩下了直大方伯）。1898 年，杭州知府林启在大方伯圆通寺创办了养正书塾，成为杭州和浙江最早的普通中学。1914 年后，这里成为杭州基督教青年会的临时会所。

照片 295-1688 中，大方伯临时会所内的人们正在休闲娱乐，有的在下棋，有的在读报，还有的在打台球，一派其乐融融的景象。

1919 年，杭州基督教青年会在杭州市上城区青年路 27 号建成了新的会所大楼。这是一栋由三层主楼和钟楼组成的西式洋楼，主楼内设有接待室、图书室、教室、游戏室、演讲厅、食堂、浴室、球场和宿舍等服务设施。甘博拍摄时，大楼还没有竣工（照片 295-1687）。

杭州基督教青年会通过开办义务小学、英文夜校、补习学校、

基督教青年会大方伯的临时会所　杭州 1919　295-1688

平民学校等，对当地学生和平民进行文化教育；聘请外国教育家、实业家，举办中西教育、丝绸业机织技术和铁道知识等讲座，宣扬近代西方科学技术；开展绘画培训班、舞蹈培训班、游艺会、音乐欣赏会等，提高市民对西方艺术的兴趣；成立哲学、政论和社会科学研究的学术团体和志愿团体，进行学术研讨和交流；建设当地的体育设施，组织各种球赛、武术赛、棋类赛、举重、健美等文体竞赛活动。至 1919 年，青年会会员就发展到 2000 余人，且多数来自杭州社会各界的知名人士。

基督教青年会大楼背面　杭州 1919　295-1687

四、南京基督教青年会　南京 1919

　　1909 年，美国传教士魏德迈和海尔来到南京，筹备建立南京基督教青年会。1912 年，南京基督教青年会获准立案，首任总干事为中国人王正廷。孙中山率先捐资 3000 银元作为开办经费，并出席青年会的会议，题写贺词以示勉励。起先，南京青年会租用花牌楼(即现在的太平南路)的周姓大厦作为会所，后又搬到鼓楼保泰街 21 号，数年后会员达 2000 余人。1925 年，南京青年会通过募捐及中华基督教青年会的资助，在中华路 26 号兴建楼房 3 座、平房 20 间，并在城北设一分会所，在新街口等地设活动场所。1937 年 12 月南京陷落后，青年会大楼遭到日寇严重焚毁。

南京基督教青年会积极开展"德、智、体、群"四育活动，曾聘请饶伯森博士来南京举办无线电、飞机、单轨铁道等科学讲座，邀请艾迪博士来南京布道，还举办卫生展览大会，开展扫盲活动，成立"战区救济会"等。至抗日战争前，青年会在南京创办平民学校 80 余所，学生达数千人，其中有军警学生 800 余人。

照片 300-1717 是甘博为南京基督教青年会会议代表拍摄的合影。

基督教青年会会议合影　南京 1919　300-1717

第三章　五味杂陈的学前教育

辛亥革命成功后，南京临时政府对教育事业非常重视。《地方自治开始实行法》中明确规定："凡在自治区域之少年男女，皆有受教育之权利。学费、书籍，以及学童之衣食，当由公家供给。学校之等级，由幼稚园而小学而中学，当陆续按级而登，以至大学而后已。"①这充分体现了孙中山的民主思想、平等观念以及对学前教育的重视。在蔡元培先生的主持下，南京临时政府教育部制定和颁发了中国第一个正式实施的近代学制——"壬子癸丑"（1912—1913年）学制，将学堂更名为学校，蒙养院改称蒙养园，收未满6岁的儿童。1912年教育部颁布的《师范学校令》和《师范学校规程》规定，女子师范学校和女子高等师范学校应附设蒙养园，或以"公立私立之蒙养园代附属蒙养园"，并设保姆讲习科，以造就蒙养园保姆为目的。以上措施，一定程度改变了清末将蒙养院附设于育婴堂和敬节堂的落后状况，确立了蒙养园制度，同时在幼儿师资培养方面也发生了变化。

1919—1921年，教育部门又酝酿和制定了新的"壬戌学制"，并于1921年10月明确了初等教育、中等教育、高等教育三个学

---

① 陈景磐．中国近代教育史［M］．北京：人民教育出版社，1979：237.

段，绘制了包含幼稚园到研究院的学制系统图表。1922年7月1日，民国政府公布了新学制章程《学校系统改革法》（时称"壬戌学制"）。该学制更多的是借鉴了美国学制，其中《学制系统图》明确规定"各地方应酌设蒙养园，收受六岁以下儿童"。同年十一月，大总统颁布实行的学校系统改革案，在《大总统令》中将"蒙养园"更名为"幼稚园"，规定"幼稚园收受六岁以下之儿童"[①]。由此，学前幼儿教育终于得以纳入中国正式的学制系统中，摆脱了附属于师范学校的境遇，同时也脱离了家庭教育，以独立的地方自主办园的姿态出现在中国的初等教育当中。

一、中美在校男女幼童对比图　北京1918

美国传教士舍伍德·艾迪（G. Sherwood Eddy）对中美两国在校男女幼童的比例进行过调查和对比，并在演讲中展示过调查数据。照片55B-594是甘博拍摄的艾迪的数据统计图：中国男性幼童在校率为64‰，女性幼童在校率仅为3‰；而美国男女幼童在校率均为880‰。

实际上，艾迪的调查仅限于城市，对中国广大的农村和偏远地区的调查根本无法实现。而甘博在对北京市民的贫困状况做调查时发现，警方一直在强迫乞丐离开这座城市，并且严格限制外地贫困

---

① 璩鑫圭，唐良炎．中国近代教育史资料汇编：学制演变［M］．上海：上海教育出版社，1992：989-991.

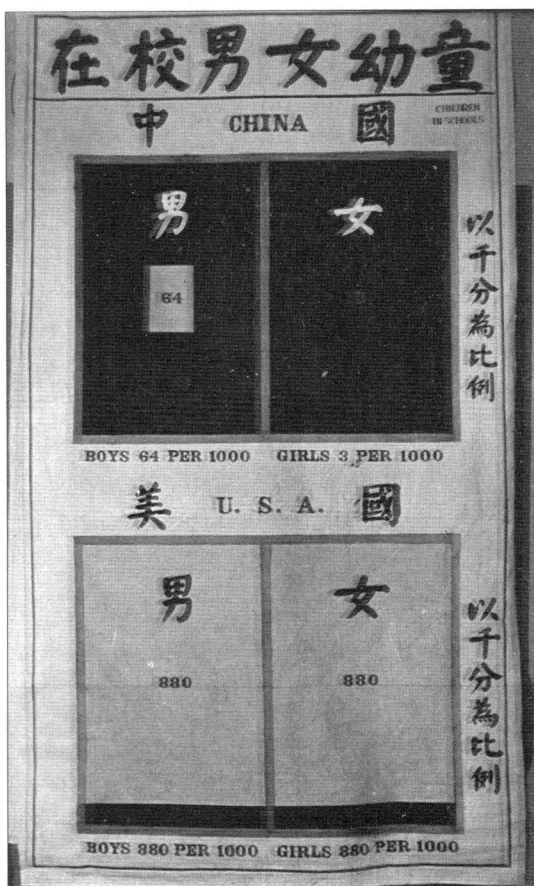

中美在校男女幼童对比图　北京 1918　55B-594

人口流入城市。这使得调查到的北京贫困人口数量和贫困程度远没有事实上的严重。因此，中国男女幼童的实际在校率应该比艾迪的调查结果还要低。

二、公理会幼稚园　北京1918

　　据甘博的调查，截至1919年，北京市非教会办的幼稚园只有1所，而教会办的幼稚园共有5所。其中美国公理会办的幼稚园有2所，共招收男、女幼童各45名；美以美会办的幼稚园1所，招收男童33人；长老会办的幼稚园2所，共招收男、女幼童各22名①。

　　照片223-1249是甘博1918年为美国公理会幼稚园的孩子们和老师们拍摄的一张合影。美国公理会（American Board of Commissioners for Foreign Missions）直译为美国国外传教理事会，原由英格兰公理宗教会创建于1810年，故常按宗派称之为公理会。但该宗派最早来华的几名传教士却是由美国公理宗传教会派遣，因此称之为美国公理会。这个教派开办的幼稚园，自然是照搬欧美的模式。幼童听的故事、看的图画和听的歌曲都是美国的，就连玩具和教材也都是美式的。照片中的孩子衣着光鲜整洁，在当时来讲，家境应该都还不错。幼教老师清一色的都是年轻女老师，而且师生比颇高。

　　1918年12月，圣诞节到了。教室里张灯结彩，摆上了圣诞树，一派节日祥和的气氛。这是美国公理会幼稚园在圣诞节期间举

---

　　①　[美]西德尼·D·甘博著；陈愉秉等译．北京的社会调查[M]．北京：中国书店，2010：630.

公理会幼稚园的孩子和老师们　北京 1918　223-1249

办的一场宣教活动，邀请了一批北京市街头的流浪儿来参加。与这些孩子同龄的人，有的该上小学了，有的都该上中学了，但他们却大字不识一个。在这寒冷的冬天，他们有的甚至还穿着夹衣，有的棉袍开了花，补丁摞补丁，还有的膝盖都露了出来。一个个冻得缩紧了身子，瑟瑟发抖地聆听着布道的福音。在他们身后，坐着四位旁听的太太。她们衣着光鲜整洁，与衣衫褴褛的流浪儿形成了鲜明的对比，应该是这所幼稚园里小朋友的家长，或是来公理会帮忙的义工。从她们模糊的眼神里，我们猜不出是同情、新奇，还是鄙

公理会幼儿园衣衫褴褛的男孩们　北京 1918　223-1251

夷。甘博为我们抓拍下了这奇特而又充满温情的一幕（照片 223-1251）。

三、普通家庭的幼儿教育　杭州、开封等地 1918—1924

中国家庭历来都很重视子女的教育，尤其是对幼儿的培养，但民国时期，绝大多数家庭没有机会或能力将孩子送入蒙养园或幼稚园。这有多方面的原因：一是幼儿教育机构数量很少，相对于全国幼儿的总量来说，几乎微不足道；二是来自经济上的压力。据当时资料记载，有的模仿欧美方法开办的幼稚园，每学期入托费要10元、点心费3元、制服费3元、材料费2元、仆费1元、杂费1元，一个孩子就得20元①。而一个普通家庭的年收入有多少呢？据甘博对北京灯市口教堂、北堂和美国公理会传教团所属齐化门一教堂的共324户信徒家庭的调查，有28.6%的家庭年收入低于100元②；三是传统习俗的影响。除了洋派的知识分子家庭，很多家庭没有形成送孩子进蒙养园或幼稚园的习惯。对孩子的教育，更多的是在家庭内部，由孩子的家长或祖辈来完成。

照片139-782是甘博1918年在杭州拍摄的。一户人家的大门口，一个一岁左右的婴孩站在育儿桶里面，右手拿着小点心，一边吃着，一边晒着冬日里难得的阳光。在他（她）的右侧，还有一个同样大小的孩子。这种育儿桶俗名叫站桶，是江南地区很常见的一种木制家具。桶内分上下两层，中间用漏花木板隔开。上层可放上一只小板凳，孩子在站桶里既可以站着，也可以坐着。冬天的时候，下层可放上一只小火钵。孩子在站桶里，或嬉笑，或哭闹，或眼巴巴地盼着爹娘回家，或歪着小脑袋睡觉，就这样度过咿呀学语的童年时光。

---

① 张沪. 张宗麟幼儿教育论集［C］. 长沙：湖南教育出版社，1985：400.

② ［美］西德尼·D·甘博著；陈愉秉等译. 北京的社会调查［M］. 北京：中国书店，2010：19.

育儿桶里的小孩　杭州 1918　139-782

根据中华基督教育调查团的报告，1915—1920 年期间，中国教会办的幼稚园由 87 所增至 134 所，在校幼童人数由 2930 人增至 4147 人①。另据南京第一女子师范学校附设的幼师科 1924 年对全国幼稚园的调查，当时全国幼稚园只有 190 所，其中教会办的就有 156 所，国人自办的仅 34 所②。而且，这些幼稚园在全国各地的数量分布也呈现出极不平衡的状态，因此在乡村和偏远地区，幼童是根本不可能上幼稚园的。

乡村家庭在日常工作时是怎么安置孩子的呢？陶行知调查了民国时期乡村家庭处置幼儿的方法，将之归纳为七种类型③：(1)雇人照料；(2)诱骗分身；(3)交人管理；(4)设法安放；(5)自己携带；(6)随身照护；(7)置之不理。在浙江绍兴地区流行一种"草囤窠"，是用稻草编成的囤子，呈圆锥形。小草囤大如小缸，上面有盖，下面有底，可放置饭锅等作保暖用具。大草囤没有盖和底，冬天的时候可以让小孩坐进去取暖。幼儿教育家张宗麟在调查江、浙、皖三省幼稚园时曾记述过这样一个例子④：

① 中华续行委办会调查特委会. 中华归主：中国基督教事业统计(1900—1920)[M]. 北京：中国社会科学出版社，1987：1194.

② 刘莹. 民国时期我国学前教育平民化试验探索研究[D]. 长沙：湖南师范大学，2012：12.

③ 北京市陶行知教育思想研究会. 陶行知研究[M]. 长沙：湖南教育出版社，1987：110

④ 张沪. 张宗麟幼儿教育论集[C]. 长沙：湖南教育出版社，1985：457.

浙江的风气，冬天用"草囤窠"，囤窠底下放一个"火钵头"，孩子就一天到晚坐在草囤窠里。当然啦，睡熟、醒来、哭、笑、大小便等一任孩子，母亲是没有工夫去照顾他的。甚至火钵头里的火熄了，孩子受冻了也没人顾问的。只有火太旺了，把孩子的脚也烧烂了，或者有人去救他，这也要碰机会的。倘若没人在旁，孩子因此烧死或变成残废，亦不是绝对没有的事。到了夏天，孩子才从"草囤窠"里面解放出来，这时候，家里稍有余资的，便买一架"竹坐车"，孩子便在竹坐车里过生活。赤贫的当然是放孩子在地上，任他自由爬行便是了。在粤闽一带，母亲有背着孩子做事的。南北的差异，只是一个在背后，一个在胸前。不论背着或袋着，在孩子们确是得到许多安慰，比坐"草囤窠"的孩子，真是幸福得多了。

对于那个年代的大多数中国家庭来说，一家有好几个孩子是很正常的，因此由大孩子照顾小孩子就成了常态。照片232-1303是甘博1918年在开封街头拍摄的。冬日里四个孩子依偎在一起晒太阳，小狗成了他们不离不弃的朋友。从衣着来看，穿花衣的两个应该是女孩。因为穿得有点笨重，坐在蒲团上的小哥哥的脸都贴到了小妹妹的脸上。小弟弟、小妹妹就这样在哥哥和姐姐的呵护中长大。

与今天很多农村家庭的结构和责任分工相似，民国时期的幼儿

街上的幼童　开封 1918　232-1303

教育更多地落在了祖辈的肩上，因为正值壮年的父母要把主要的时间和精力放在挣钱养家糊口上，没有更多的时间和精力顾及孩子。老人们没有什么文化，不能教孙儿辈识字读书，但却能教给孩子们更多的生产劳动知识，而这在幼稚园里是很难学到的。

照片 289-1655 摄于北戴河，照片中一位白衣老农正带着两个小孙儿在太阳下翻晒高粱。老人家已经在黄土地上耕作了一辈子，岁月在他饱经风霜的脸上刻下了深深的痕迹，肩膀上的大块补丁仿佛在告诉人们，他曾经是这个家庭的顶梁柱。但如今年龄实在太大

老人和孩子们　北戴河 1919　289-1655

了，不得不退居二线，不过还能为家里做些力所能及的活儿。晒谷场上孩子们缠着爷爷，一会问问这，一会问问那，不知不觉就认识了什么是高粱，什么是玉米。这些孩子长大后，自然不会像城市里的孩子一样五谷不分，错把麦苗当成韭菜。

　　石碾的使用在农村有好几千年的历史，它是借助人力或畜力，把谷物脱壳或碾磨成粉的工具。在北方农村，比较常见的是用毛驴拉碾子。用两块黑布把毛驴的双眼蒙住，驴子就会乖乖地拉着碾子转圈圈，人只需要跟在后面，不时用笤帚把碾子边缘的粮食向中间扫一扫。

　　照片419-2409的这户人家显然比较穷，连一头驴子也没有。一位旗人模样打扮的老奶奶佝偻着腰，一手扶着碾杆，一手撑着碾盘，嘴里好像在数落着什么。一个六七岁的女孩，领着两个光着上身、穿着开裆裤的小弟弟，一起帮着奶奶推碾子。小伙伴们使出了吃奶的力气，只听见古老的碾轱辘发出吱吅吱吅的声音，仿佛在诉说生活的艰辛。参加类似这样的家庭劳动，是中国农村幼儿教育中必不可少的一课。

帮奶奶推碾子　　热河（今承德）1924　　419-2409

四、幼稚园小朋友合影　北京 1919

　　民国时期，中国幼儿教育由模仿日本逐渐转向学习欧美，教会幼稚园备受青睐。在当时，让孩子上教会幼稚园成为了一种身份与家世的象征，有能力把自家孩子送入教会幼稚园的，差不多都是社会上层人士，如银行职员、海关官员、买办、富商和绅士等。

　　教会幼稚园的主要课程"除各种游戏外，兼有识字读本及浅近算术，细分之则为各种运动姿势、唱歌拍节、开蒙识字及浅近读本、自由玩耍、设计动作等专门工作"①。此外，祷告也是教会幼稚园的重要教育内容。1917 年第 3 卷第 3 期《妇女杂志》记载了美国基督教监理会金振声女士所创立的苏州慕家花园幼稚园的两节课："一节为手工课，一节为游戏课。手工课上，儿童围坐在长方矮桌四周，保姆亦杂坐其间，率儿童制作，或折纸，或剪纸。还令儿童复习已授之各种细工，一任其心之所好者，随意为之。引导儿童自己动脑动手制作，教育者并不为之规定。保姆杂坐儿童中，与儿童共同制作。围坐矮桌，不取学校内桌椅排列之制，也是免于拘束儿童身心。游戏课上，儿童作游戏，不由教师主之，纯由儿童自择。先由保姆问诸儿，今日将作何种游戏，一儿先举手表示其意见，诸儿群起拍手和之，欢欣雀跃，但秩序不紊，保姆在旁，不过

---

① 　连警齐编．郭显德牧师行传全集［M］．上海：广学会，1940：312.

幼稚园全体小朋友合影　北京 1919　259-1479

幼稚园部分小朋友合影　北京 1919　259-1481

视看助兴而已。"①

1919 年夏天，甘博访问了北京另一家教会幼稚园。这在当时来说是一家规模不小的幼稚园，因为照片中出现了 50 余名小朋友。他们年龄大小不一，男女混班，虽没有统一的服装，但衣着干净整洁，脸上洋溢着天真烂漫的笑容（照片 259-1479）。与大多数同龄人相比，他们称得上那个年代的幸运儿。

对孩子和中国未来社会的关注是甘博摄影不变的主题之一。在他的镜头下，经常出现儿童的身影，但多数照片的画面都比较沉重，如天津水灾后等待施粥的男孩，宜昌街头敲锣打鼓卖艺的小哥俩，门头沟煤窑讨生活的小童工，泰山脚下席地而坐的小乞丐……但也有一些照片的主题比较轻松活泼，如四川新都小河沟里抓鱼的小伙伴，广州郊区一起玩泥巴的孩子们，北戴河一块玩跳水的男孩。这组幼稚园拍摄的照片，拍得格外生动活泼。

稚气的小脸，明亮的眼神，充满了对未知世界的好奇，孩子们呆萌的模样惹人怜爱。照片 259-1481 对人物表情的捕捉体现了甘博高超的摄影技术。

两个幼稚园的小女孩，站在教室门口的台阶下，也许刚刚下课，手里还攥着纸折的小玩具。她们统一上身穿一件斜襟短袖浅色小褂，下身穿一条颜色稍深的竖条纹长裤。头戴遮阳帽，腋下别着一条擦汗的小毛巾（照片 259-1482）。小女孩面容纯净，目光清澈，不约而同地盯着甘博的镜头，眉头微蹙，露出了一丝疑问和警觉的神情。

----

① 杨芳. 参观苏州幕家花园幼稚园记［C］//李楚材辑. 帝国主义侵华教育史资料：教会教育. 北京：教育科学出版社：1987：216-217.

两个幼稚园的小女孩　北京 1919　259-1482

第四章 孤儿学校里的苦楚

收养弃婴是中国传统慈善事业的组成部分，在慈善体系中地位独特。育婴堂，作为众多慈善机构中的一种，主要负责收养那些父母无力养育或遭到遗弃的婴儿，并对他们进行专门的哺养和教育。民国时期，全国各地都办有育婴堂和孤儿院，有的叫做苦儿院、慈幼院、贫儿院、孤儿教养院、惠儿院等，名称不一。这些育婴堂既有官办的，也有民办的，但大多数是教会办的。截至1938年，中国境内共有教会办的孤儿院389所，收养孤儿约25000名[①]。

经济条件稍好一点的孤儿院，有的办有自己的学校或习艺所，如由水利督办熊希龄任院长的北京香山慈幼院，分五个学部，分别是蒙养部、小学部、中学部、职业教育部和职工部等，成为融幼儿教育、普通教育、师范教育及多种职业教育为一体的实验学园。没有条件附设学校的孤儿院，则会在孩子长大到一定年龄后，送他们到其他职业指导所或习艺所去学习，学习的内容主要是诸如木工、印刷工、毛毯工、裁缝工之类的专业技能，以便将来能自立于社会。因此，在民国的教育体系中，由慈善机构开办的育婴堂、孤儿

---

① 附意：传教区域内孤儿院日见增加［J］. 圣心报，1938，52（9）：259.

学校、习艺所等，也是不可或缺的一部分。

一、北京孤儿院　北京1918

据甘博《北京的社会调查》，当时北京城内一共只有2所孤儿院。一所是在内城的北京孤儿院，另一所是在南城的龙泉寺孤儿院。

北京孤儿院坐落在城北千佛寺胡同，紧挨着内城的北城墙，与贫民教养院相邻。它占地面积大约5亩，有92名孤儿生活在这里，其中50名是男孩，42名是女孩。这所孤儿院是1912年由一位来自天津的仓玉真（译音）先生开办的，但后来因为无力维持，只好移交给了一个资助孤儿院的董事会。董事会成员由信奉不同宗教信仰的人组成，如儒教、佛教、伊斯兰教、罗马天主教和基督教等，每个教派都有自己的教徒作代表。另有一个由妇女组成的辅助性的董事会，来帮助董事们管理这所孤儿院。孤儿院的入院手续比较简单，只要孩子的家庭无力供养并提出申请，经董事会调查属实后便可以接收，特殊情况也有由警察推荐的。但因孤儿院的名额有限，最多只能容纳100个孩子，因此实际上很多申请并不能得到肯定的答复。

孤儿院的日常管理由一名院长和两名助手负责，其中一名助手必须是女性，由她负责照管女孩的工作。院长和助手都由董事会任命，院长的薪水为每月50元，两名助手每月各25元。据甘博观察，孤儿院虽然由于资金匮乏，建筑设施亟待修缮，但卫生状况良好，一切都干净整洁，井井有条，说明院长和助手们的工作十分得力。

照片 236-1328 是甘博为孤儿院院长张先生和他两名助手拍摄的合影。张院长居中站立，两手揣在口袋里，面色威严而淡定。上身的绸面棉马褂，显示了他不同于助手的身份。

孤儿院的张先生和助手们　　北京 1918　　236-1328

北京孤儿院一周会给孩子们安排六天时间学习和劳动，星期天则会由一位从清华大学来的基督徒学生领着孩子们做礼拜。孤儿学习的内容包括简单的文化知识和手工技艺，从周一到周六，每天 2个小时学习文化，5 个小时做手艺活。孤儿院的大部分日常工作，也由孤儿们自己完成，比如帮厨、洗碗、打扫院落，大家分组轮流来做，到了一定年龄后还要洗自己的衣服。孤儿长到 18 岁后就算成人了，必须离开。为了让他们走向社会后有一技之长，孤儿院给孩子们安排了各种不同的专业技能课程。男孩子可以学习编织地毯、做木工活，女孩子则可以学习剪裁、编织带子和烹饪技术。负责教孩子们手艺的老师，是从外面请来的，每个月薪水 12 元至 15 元不等。

这是甘博拍摄的北京孤儿院 5 个男孩在编织地毯的场景（照片 236-1324）。男孩们用的是一种比较简陋的木制机架。这种机架结构简单，分上、下主梁和左、右立柱，因为要承受很重的压力和撑力，所以要用木质坚硬、强度好、不易弯曲的木材来制作。木制机架因为没有压架（引机）装置，不能随时调整地毯高度，孩子们只能坐在高凳上操作，很不安全。

照片 236-1325 拍的是北京孤儿院的木工作坊。墙上挂满了做木工活的各种工具，锯子、凿子、锉子、铇子，一应俱全。6 名男孩正在狭小的空间里紧张而有序地工作着。他们各自分工，流水作业，忙而不乱，看样子是在赶做一批木椅。

女红，也称为女事，旧时指女子所做的针线、纺织、刺绣、缝纫等工作，在中国古代是妇女伦理道德的表征之一，也是女性"德、言、容、工"四德中的一种。但对于孤儿院的女孩子们来说，它更是一种维持生计、补贴家用的重要手段。

这是北京孤儿院的女孩们在老师的指导下学做针线活（照片 236-1326）。女孩们衣着整洁，神情专注，都在埋头做着自己手里的

织地毯的男孩　北京 1918　236-1324

木工作坊　北京 1918　236-1325

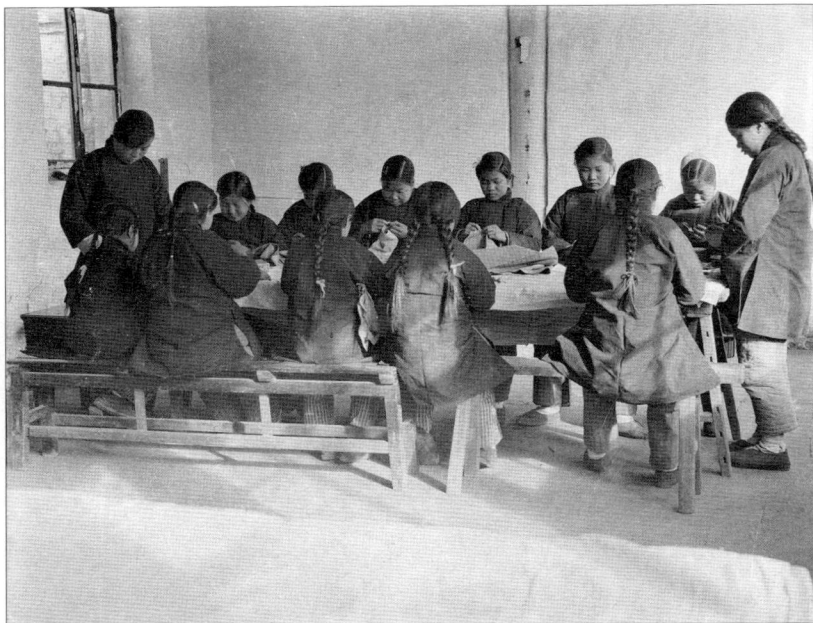

学做针线的女孩　北京 1918　236-1326

活计，甚至没有一个人抬头看甘博的镜头。从已经离开孤儿院的孩子们在社会上的经历的反馈情况来看，她们在孤儿院接受到的教育和培训使她们能够完全自立于社会。其中有一个女孩在外面专门教人编织带子，每个月能挣到 20 元。这在当时对于一名女性来说，已是很大一笔收入。

　　北京孤儿院的孩子们除了学习各种劳动技能外，还有机会学习演奏各种乐器，甚至有一支自己的军乐队。对于孤儿们来说，学习演奏不仅是娱乐，更可能是一种赢利的手段。这所孤儿院每年的预算高达 7500 元，因此筹募所需资金一直是一项重要的任务。有好几次董事会都因资金紧张，考虑是否应将孤儿院交给警方，但每次最后总能筹到钱，也就只好作罢。这支军乐队在为孤儿院募集资金的义演时可以派上用场，还可以参加民间婚丧嫁娶的活动为孤儿院牟利。

这支军乐队由 11 名男孩组成，不过看起来还比较稚嫩和业余。从他们手里拿的乐器看，既有传统的中国鼓，也有西洋鼓，大多数是唢呐和小号，还有铙钹，可谓中西合璧。也许是第一次面对相机的镜头，孩子们都显得有些拘谨和严肃。站在队伍后面带礼帽者，就是甘博本人，照片（63B-682）应该是由甘博的随行者拍摄的。

孤儿院乐队　北京 1918　63B-682

二、育婴堂里的弃婴　北京1919

　　这是一家最初由私人创办的育婴堂，1917年创办之初是为了抢救那些奄奄一息的弃婴，但后来由于孩子太多而无力管理，1919年由北京市警察厅和市政公所接管，变成了官办的性质。育婴堂设在崇文门外，后迁至皇城的北城墙外的后门大街。截至1918年4月30日财政年度结束，共有130名孤儿被送到了这里，其中女孩111名，男孩19名。这一比例反映了中国人重男轻女、传宗接代的生育观念。另外，从年龄构成来看，这些孩子当中1岁的有25人，2岁的71人，3岁的23人，4岁的11人。也就是说，收养的弃婴绝大多数在3岁以下。

　　据甘博的《北京社会调查》，由于卫生和医疗条件很差，育婴堂里的婴儿死亡率一直居高不下。警方向丹麦驻华大使的夫人阿列斐求助。在阿列斐和在北京的若干外国妇女的帮助下，逐渐改善了育婴堂里的居住环境，让接受过西医训练的中国医生照顾孩子们，并聘请了5名经过专门训练的护士负责监督孩子的护理以及39名保姆的工作。

　　1919年夏天，甘博访问了这里，只见在一个高高的凉棚下，摆放着一排排小床，里面或躺或坐着年龄最小的孩子。"许多保姆在小床的周围来回走动，十分忙乱地为婴儿们驱赶苍蝇。育婴堂房子都装有很密的纱窗，但当孩子们来到院子后，唯一能保护他们不受苍蝇打扰的，就是保姆手里所拿的，在婴儿身边不停挥动的那长长的马毛拂尘。许多孩子在同时哭叫，再大一点的孩子则到处乱跑，保姆手中的拂尘呼呼挥动，整个院子充满了运动，充满了生机"①。

甘博把开饭时的育婴堂称为北京城里最忙乱、最热闹的地方之一。

这是育婴堂院子的另一边，年龄稍大的孩子坐成长长的一排，等待开饭（照片276-1580）。根据喂养弃婴的规定：1岁以下的孩子完全用牛奶喂养；1至2岁之间的孩子，要喝牛奶吃蛋糕；2至3岁的孩子，喝牛奶吃蛋糕，搭配米粥；3岁以上的孩子不再喝牛奶吃蛋糕，而是吃普通的饭食。另外，所有的弃婴都要接种三次牛痘，半岁时一次，1岁半时再接种一次，3岁时接种最后一次。一旦孩子死亡，育婴堂必须通知警方，以便他们在埋葬前进行尸检。这所育婴堂还计划建一所学校和一个工艺所，以便这些孩子待到18岁后有能力融入社会。②

育婴堂每年的经费大约在10000元至12000元之间，主要通过北京警方、市政公所、内务部和私人渠道的捐助来支付，有时也举行义演募捐为儿童筹集购买食物的经费。但甘博在调查中发现，一旦育婴堂的财政权完全控制在中国人手里时，育婴堂的运作就变得困难重重。原因很简单，掌权者不再用银元给工作人员发放薪水，而是改用中国银行或交通银行的纸币。由于一元纸币的购买力只相

---

① ［美］西德尼·D·甘博著；陈愉秉等译．北京的社会调查［M］．北京：中国书店，2010：308.

② ［美］西德尼·D·甘博著；陈愉秉等译．北京的社会调查［M］．北京：中国书店，2010：310.

育婴堂里的婴儿　北京 1919　276-1579A

等待开饭的幼儿　北京 1919　276-1580

当于银元的 50 分，相当于薪水减半了。那些受过专门训练的护士当然拒绝接受，一个个拂袖而去，于是育婴堂又恢复了以往没有监管时的苍蝇乱飞、尘土堆积的老样子。

三、龙泉寺孤儿院　北京 1919

　　民国时期，由于战乱和各种自然灾害，产生了大量无助的孤儿和失学儿童。他们自身基本无法维持生存，因此救助孤儿和失学儿童成为当时社会的一大潮流。佛教界也积极响应，不少寺庙开办了孤儿学校和教养院，收养无家可归的孤儿，供给衣食住宿，教以文化知识和劳动技能。佛教界兴办慈善教育与其所处的社会环境和自身的变革是有密切关系的。清末新政的实施使得庙产兴学风潮高涨。为保护庙产，北京一些寺庙主动兴办各种名目的义塾、学堂。北洋政府也颁布了加强寺庙管理的相关法规条例，要求寺庙办理公共慈善事业，如 1915 年 10 月 29 日颁布的《管理寺庙条例》。虽然政府政策总体上是保护寺院庙产的，但第六条明确规定："各寺庙得自立学校，其课程于经典之外，须酌授普通教育。寺庙创办学校时，须呈请地方官立案，其从前已设立之学校亦同。"①

　　甘博的这张照片（291-1666）摄于北京南城龙泉寺孤儿院。这家孤儿院只接受 12 岁以下的孩子，条件是这些孩子要么父母双

---

①　商务印书馆编译所．最新编订民国法令大全［M］．上海：商务印书馆，1924：520.

亡，要么母亲一方活着，但无力抚养。另外，还必须由一家店铺或这个家庭的朋友出面作保人，担保孩子的品行端正。孤儿院由龙泉寺的僧人主持管理。1919年甘博到访时，这里收养了大约250名男孩。孩子们都要接受学校教育和劳动技能培训。孤儿学习的技艺，包括织布、石印、缝纫、木工、染色、制鞋、卷烟和织席等。另外，孩子们每天都得花1小时聆听宗教内容的课程。在寺庙的环境下，孩子们耳濡目染，都会受到佛学思想潜移默化的影响。

照片中的男孩正在纺线。在他跟前摆放的是一架旧式手摇纺车。这是一种古老的纺车，由木架、锭子、绳轮和手柄四部分组成，锭子在左，绳轮和手柄在右，中间用绳弦传动，很适合一人操作。纺线男孩的身后，另一个男孩正在盘线。稍远处还有一个男孩在埋头缝纫，甘博的到来甚至没有引起他的注意。纺织缝纫车间里一派忙碌的景象。

"唧唧复唧唧，木兰当户织。"这是《木兰辞》描绘花木兰纺纱织布的情景，也是寺院孤儿学校男孩们的生活写照（照片291-1665）。织布机由框架、机杼、梭子、挡板、辕杖、踏板、坐板、绳索、卷轴等组成，全手工操作，需要相当娴熟的技术，才能织成美观而匀称的布匹。操作时，需要手脚密切配合，人坐在座板（杆）上，双脚交替踩踏左右踏板，使经线和纬线交错分开。将梭子从中间穿过，搬动樘枋将纬线挤紧。根据织出布的长短，移动辅杖，适时紧动卷柱，插紧打摽棍，如此反复操作。织布时梭子的用力要均匀、速度要一致，否则织出的布就不平整，做成的衣服容易起皱变形。

龙泉寺孤儿学校的男孩在纺线　北京 1919　291-1666

　　龙泉寺孤儿院比北京孤儿院的规模大得多，每年的财政预算接近 1 万元。这笔不小的开支主要依靠个人捐助来承担，官方只有很小的一部分资助，如北京市政公所每月资助 1 元，京师学务局每月资助 5 元，警方每月提供相当于 60 元的大米，五圣庵每月提供 20 元。为了筹集资金，这所寺院孤儿院也是想尽一切办法广开财源，其中之一就是利用孤儿学会的木工、纺织、印刷等手艺，承接一些社会上的订货单。

　　照片（291-1667）拍摄的是龙泉寺孤儿学校孩子们在印刷间劳作的场景，时间大约在 1919 年夏天。因为天气炎热，有几个男

龙泉寺孤儿学校的织布架　北京 1919　291-1665

孩都脱了上衣，光着膀子。印刷间摆放着4架简陋的木制石印机，大概是从别处淘汰来的旧货。至于印刷物的具体内容，已不得而知了。

龙泉寺孤儿学校的印刷作坊　北京1919　291-1667

　　这是甘博拍摄的寺庙孤儿院学校宿舍（照片291-1668）。在一间高大的全实木梁柱结构的房子里，沿墙两侧是长长的用砖砌成的土炕。土炕一张连着一张，从房子的这头一直连到那一头，形成了一个大通铺，上面有凉席和简单的被褥，男孩们就睡在这里。在屋子的中间，是一个木架平台，距离地面高近2米，可以沿着木梯爬上去。从别处送来的有轻微违法行为的男孩则睡在这个平台上面①。

龙泉寺孤儿学校的宿舍　北京 1919　291-1668

---

① 寺院孤儿学校收容的不只有孤儿，还有从教养院送来的轻罪犯。这些人的刑期都没有超过一年，但都戴着脚镣。工作的时候，孤儿和这些罪犯们混杂在一起，自由的时间里则分开，睡觉也不在同一张炕上。

第五章　朝气蓬勃的童子军

童子军(Boy Scouts)，是社会教育与学校教育相结合的产物。它起源于英国，1907 年由英国陆军中将罗伯特·贝登堡创立，是一种旨在通过游戏、户外活动、社会服务等方式，培养健全、合格的公民的儿童组织，组织内的成员有统一的誓词、铭言、纪律、装束等。

1912 年 2 月 25 日，严家麟在武昌将 60 名 16 岁以下的男孩组织起来，在武汉文华书院公书林举行宣誓仪式，成立了中国第一支童子军。1913 年，上海工部局华童公学、基督教青年会中学、上海格致公学、江苏无锡第三师范附属小学等也先后创办了童子军。1915 年，上海举办第二届远东运动会，童子军进行了会操表演，并参与了维持会场秩序等工作，受到社会各界的关注和好评。运动会结束后，教育界人士召开会议，决定在全国范围内推广童子军组织。同年 11 月，"中华全国童子军协会"在上海成立，北京、天津、广州、南京、汉口等地设立分会，童子军运动逐渐扩展到全国各地。

1917 年，一度对童子军教育采取放任态度的北洋政府开始关注童子军。经调查后教育部认为，童子军教育"原以陶成其服从规律之习惯、涵养其坚韧勇武之德性，而发达其忠公爱国之精神，实为辅助青年教育之良法"①，遂转而提倡和推广童子军运动。据《教育杂志》调查，截至 1922 年，仅江苏省 60 个县中，就有 41 个创办了童子军，总人数达 11251 人②。

南京国民政府以后，童子军逐渐异化为政党领带下的准军事组织。1928 年，国民党中常会通过的《中国国民党童子军(简称党童子军)总章》首条即规定"本党童子军之训练，以养成三民主义之革命青年，完成国民革命为宗旨规定"③，并要求凡 12 至 18 岁的青少年必须入伍接受童子军训练。1929 年 7 月，国民党中常会将"中国国民党童子军"更名为"中国童子军"，委任中央训练部副部长何应钦为中国童子军司令，由中央委员会直接管辖。1930 年 4 月，第一次全国童子军总检阅和大露营在南京举行，来自各省的 121 个童子军团共 3366 名童子军参加了集会，蒋介石亲自到会检阅并致训词。1932 年 4 月，国民党中常会通过组织中国童子军总会案，选举蒋介石为"中国童子军总会"的会长。1933 年 10 月，重新编订的《中国童子军总章》正式颁布。1934 年 11 月，中国童子军总会正式成立，成为新的领导全国童子军事业的最高机关，但实际工作则由童子军全国理事会负责。至 1936 年，中国童子军总会登记在册的童子军人数达到 20 余万④。

抗日战争期间，激于民族义愤，许多经过训练的童子军投身前线，参与救护伤兵、慰问将士、探察敌情、修筑工事，甚至直

---

① 学事一束：教育部注意童子军[J]. 教育杂志，1917，9(7)：52.
② 伍小涛. 中国童子军运动始末[J]. 文史天地，2007(10)：25-27.
③ 中国国民党童子军总章[J]. 教育杂志，1928，20(7)：13.
④ 袁成亮. 民国时期的童子军[J]. 民国史事，1994(5)：30.

接参加战斗，或在后方承担宣传、募捐、运输、维持治安和安置难民等任务，涌现出一批可歌可泣的事迹。如淞沪会战时，上海童子军有3000多人参加了战时服务团。谢晋元率部坚守四行仓库时，曾有11名童子军冒着枪林弹雨，将三卡车慰劳品送到他们手中。抗战胜利后，国民党政府忙于内战，中国童子军运动也走向衰落。1949年国民党败逃台湾后，童子军运动在中国大陆随之销声匿迹。

一、童子军参加"和平庆典" 北京1918

第一次世界大战结束，作为战胜国的中国，在北洋政府的主持下举行了"和平庆典"①。1918年11月14日，童子军正在参加"和平庆典"的游行，路过崇文门大街(照片212-1180)。

《中国童子军服装说明》规定②：童子军帽子和服装统一为黄褐色，材料为呢或布。帽子要求"尖顶平边帽撂成三凹，左右两凹后面一凹"，有帽绊、帽箍、帽气孔和帽绊孔。领巾长宽各八公分，"以团色为标准，配以和融色条，不得用各种图形"。上衣要求"用连领内衣，两肩有绊、有扣、胸有两袋，袋有盖"；裤子分短裤和

① 第一次世界大战结束后，作为战胜国，民国政府为庆祝胜利举办了规模盛大的庆祝典礼和游行活动。

② 范晓六主编．新时代初中童子军初级课程[M]．二二五童子军书报用品社，1935：142-143.

马裤，都要求"裤后右一袋，左右各一袋，口斜开于腿前，裤右前表袋"。腰带"中有童子军徽，铜扣带宽约三公分至四公分"。袜子为反口长筒，全黑色。鞋子为"头圆长筒或半统"，用帆布或皮质做成。纽扣为褐色，上有童子军军徽。冬季大衣也是黄褐色，"大反领加大衣腰带，下截两袋，口有盖，长及膝"，用呢或布做成。雨衣为披风式，黄褐色。肩抗的木棍长为 1.5 公尺，直径 3.5 公分。如随带猎刀，则悬于左腿后面。另外对斧、水壶、粮袋、背囊等也有统一规定。

童子军参加"和平庆典" 北京 1918 212-1180

二、清华学校的童子军　北京 1919

北京的童子军运动始于 1915 年的清华学校，最初由美籍教员科尔担任教练。科尔将中等科的一、二年级学生分为 14 队，选高等科学生 10 余人担任队长。至 1916 年 10 月，该校童子军发展到 90 余人，组织也日臻完善。除增置军乐队、添购器械 450 余件外，内部还设有名誉法庭，用以处置违犯童子军纪律的团员。1917 年 5 月，清华学校童子军举行了一次会操表演，教育部伍仲文司长亲临参观，并要求在京各小学校长前往观摩。《清华周刊》对这次会操的情形有详细记载：

> 胡笳一鸣，军散而西。对分班别，各修职矣。五队六队，救死扶伤。或肩于背，或置于床。蛇形以进，观者拊掌。三队造桥，编板为梁。人行其上，再升再降。二队筑台，高约丈余。台前有山，距三百步。登台陟鬼，摇旗为语。四队备膳，掘灶洗釜。和羹既调，羞肴咸具。杯箸整洁，席次有序。一队转车，车造奇妙。合之为车，拆之为桥。又立木杆，系绳飘摇。席地而坐，发雷通报。六队造礼，三绳为之。足履其一，手执其二。谁敢渡此，应者白礼。先生体硕，蹒跚迟迟，既登彼岸，众乃大喜。四队设帐，二队对峙。其一有文，为红十字。中陈小棹，令此从施。二队告警，烽烟勃起。旗语神速，笛声电驰。各职既修，回军草地。凡我军人，宜有以戏。横棹

作域，中立多人。八士环击，球飞有声。躲避不敏，球及其身。及身即下，以此决胜。继立木架，上有横梁，下有胡床。门士袴梁，摇荡不堪。持袋奋击，弱者堕床。众乃大笑，曰此戏良。胡笳再鸣，全军复集①。

以上表演内容明显带有野外军事训练的性质，如此一来，让各小学开办的体育活动逊色不少。于是，北京师范学校附属小学率先效仿，着手组建童子军。在京其他小学也闻风而动，掀起了组建童子军的热潮。1917 年 11 月，京师学务局经过调研，制定和颁发了《京师童子军办法》，并于 1918 年 2 月 4 日呈报教育部。该办法详细规定了童子军的编制、资格、职权、服装、用具、徽章、旗帜、课程、愿词、规律、礼节、口令、教练和经费等②。至 1918 年，北京先后有 21 所小学组建了童子军，并在学务局的主持下成立了京师童子军联合会。

旅行和露营是童子军教育活动的重要内容。清华学校童子军经常赴长城、南口等地郊游，在野外搭帐篷、做游戏、穿山洞……活动形式多样。1919 年 3 月，清华学校 29 名童子军赴太原进行交流；1922 年，清华童子军还远赴济南、曲阜、泰安、青岛作长途旅行。军事训练更是引起了童子军团员的浓厚兴趣。据《中华童子军》1919 年第 1 卷第 4 期报道："北京清华学校于上月十七日特演童子军，全校学生分为二组，演习事项为架桥、筑垒、安营、对

① 椿. 本校童子军大操记[J]. 清华周刊，1919(111)：22.
② 京师童子军办法[J]. 京师学务局教育行政月刊，1919，1(1)：1-19.

敌、泅水、驶船、陆战、水战、攻守、旗语等事。各学生精神焕发，洵不愧为军国民。是日参观者极众，无不嘉许，颇为盛况云。"①

照片 72B-779 中，北京清华学校 7 名童子军团员，正在齐心协力搭建露营用的简易小木屋。这是一种井干式木屋，不用立柱和横梁，而是用粗加工的圆木向上层层叠置，在转角处将圆木两端交错咬合，形成屋子的四壁。越往上叠，其中两侧采用的木料越短，逐渐向上收拢，形成屋顶。一名童子军正准备将童子军军旗插向屋顶。

1918 年 10 月，京师学务局在东西城各开办童子军讲习所一处，聘请富有童子军学识及经验者担任讲师。各小学教员感兴趣并有志于作童子军教练者，均可旁听。讲习的重要内容之一就是如何在野外露营。露营不单是在野外住一晚那么简单，实际上包括扎营、救护、炊事、放哨、急救等各项活动。

照片 256-1461 拍摄的是清华童子军在野炊。地上摆放着水壶、铁锅和碗碟，两名童子军俯身在准备自己的午饭。在他们身后，挤满了好奇的围观群众。两位衣着华丽的妇女占据了画面的中央，其中一位手搭凉棚，神情关切地在一边说着什么。她们或许就是童子军中某两个男孩的妈妈。

作为社会组织的重要一员，童子军教育被赋予了丰富的内涵，其中最高信仰就是人生以服务为目的。为了服务社会，童子军从小就要培养无私无畏的精神，在童子军的社会活动中比较重要的是"日行一善"。中国童子军总会曾举办过系列"日行一善"比赛活

---

① 新闻：清华学校童子军演习[J]. 中华童子军，1919，1(4)：32.

童子军搭建木屋　北京 1919　72B-779

妇女观看清华童子军野炊　北京 1919　256-1461

动，规定年龄在 12～18 岁的青少年，无论是否是童子军，都可以参加。《中国童子军日行一善歌》唱道："公众的事，在前在后在左在右，等着我们做。一手一足一生一世，做去天天做，也不要人知，也不求人誉。水里，水里去；火里，火里去。革命青年当如是，童子军，好同志，打起精神做的事，水里，水里去。火里，火里去!"①

照片 256-1462 中，清华学校的童子军在帮助市民翻挖花园。

清华童子军翻挖花园　北京 1919　256-1462

---

① 中国童子军日行一善歌[N]. 申报，1931-03-21(11).

不远处的山坡上，聚满了围观的人群。他们大多是长衫马褂、戴礼帽的打扮，看得出来是当时的社会上层人士，很有可能是孩子的家人。

三、童子军反日游行　定县 1931

1931 年"九·一八"事变后，日寇对中国不断进行挑衅，中华民族面临生死存亡的危机。面对全国抗日救国情绪的不断高涨，中国童子军总会筹备处编订了《中国童子军战地服务团组织规程》及《童子军战地服务训练大纲》。大纲列出的训练项目包括：传递消息、运输物品、救护、救火、救济难民、防避飞机/战车/毒气、架设电线、架桥、指导民众，并详细规定了每一项训练的目标。从那时起，国民党就把童子军战地服务纳入了国家战时体系。抗战全面爆发后，全国童子军迅速组织起来。"七七事变"后不到半年，上海、江苏、南京、浙江、云南、广州、福建、安徽、江西等九省市就先后组织战时服务团 32 个。至 1941 年 10 月，在中国童子军总会登记核准的战时服务团增至 127 个，分布区域扩大到 20 个省市，在前方和后方服务的总人数达 1.5 万人[①]。

这是甘博 1931 年在河北定县拍摄到的童子军游行的画面(照片612-3572)。从队伍后面高举的旗帜来看，他们是来自定县县立高等小学校的学生。与清华学校童子军的装束不同，他们都没有戴盔式帽，领巾的颜色也不一样。

---

① 十年来的中国童子军总会[M]. 南京：中国童子军总会，1944：67.

定县小学童子军游行　河北定县 1931　612-3572

第六章　良莠不齐的教养院

教养院制度的出现得益于近代西方狱政理念的传入，这种理念的核心是不再把惩罚当成刑狱的目的，而是把对犯人的改造放在首位，尤其是对于那些尚未成年的少年犯。另外，随着中国自身社会的变化及西方"积极救济"理念的传入，越来越多的人意识到"教养兼施"才是解决流民问题的有效方法，而以往只是通过临时性的救济，并不能从根本上减少流民的数量。1901年底，重启变法的清政府要求顺天府仿效西法办理善后工艺局。随后，从京师到各省省城，开始广泛仿照西法，设立工艺局、劝工厂、习艺所、教养局、感化院等各类教养机构，承担起了收容、教育、感化不良少年和流浪儿童的职能。

民国以后，这些教养机构发生了分化，一些转为正规监狱，一些停办，还有一些转变为民间救济机构。北洋政府时期，北京虽为"首善之区"，但与乡村和别的城市相比，鸦片、赌博、娼妓等败坏社会风气的恶习大肆泛滥，违法犯罪率逐年上升。甘博调查了北京警方提供的数据，1913年北京仅有2549人因犯罪被捕，20554人因违法被捕；而1917年有3886人因一项或多项严重犯罪行为被捕，22870人因违法而被捕，且这两组数据呈逐年增长的态势。在1917年违法的22870人当中，年龄在11岁以下的有3050人，其中男孩 1701 人，占 56%；女孩 1349 人，占 44%。儿童违法行为主要涉及卫生、交通和习俗。在这 3050 名违法儿童中，只有 207 名的罪名与这三项无关①。假如儿童被逮捕并被送上法庭，即使触犯刑律，他们也不会受到惩罚，但警方会警告其父母或监护人更严格地管束子女。如果无法确认违法儿童的父母或监护人，则会把他们送到类似少年监狱的教养院里接受教育，京师第一监狱就收容了不少这样的少年犯。

战争和自然灾害，产生了大量流离失所的难民。在这庞大的流民当中，有很多年幼的贫苦儿童，他们孤苦无依，流落街头，有的沦落为乞丐或小偷，成为严重的社会问题。在北京，"时教养局等先后成立，凡无告之贫民，下及娼妓，均有收容。民国初，计有内城官立贫民教养院、游民习艺所、博济工厂、外城教养局、教养二局、首善贫民教育院、外城贫民收养所以及资善堂、公善养济院、兴善养济院、利济养济院、育善教养工厂、普善教养工厂、商水会教养工厂、崇善女养济院、普慈女工厂、挂甲屯成善教养局、龙泉寺孤儿院、北京贫儿院等。"②

然而在实际操作中，教养机构和监狱很难完全分离。让那些被改造成监狱的教养机构不再收容流民很容易做到，因为当时几乎所有的监狱都存在收容能力不足的问题。但要让教养机构不再收容犯人，则很难做到。一是因为各地监狱数量严重不足，许多轻罪犯还

---

① ［美］西德尼·D·甘博著；陈愉秉等译．北京的社会调查［M］．北京：中国书店，2010：65-66.

② 吴廷燮．北京市志稿·民政志［M］．北京：北京燕山出版社，1989：132-133.

是不得不送教养机构收押，二是警察机关主观上需要保留教养机构的惩戒性质。因此，很多教养院都是犯人与贫民兼收，里面的人员良莠不齐。

一、少年教养院（京师第一监狱）　北京1919

京师模范监狱（民国初年改称京师第一监狱），始建于1909年11月，后因辛亥革命被迫中断，到1912年11月10日才开始接收首批犯人。它坐落在北京市宣武门外菜市口以南、陶然亭以东、南城墙以北的姚家井地区，占地面积约120余亩。监狱坐西朝东，依次分为三个区。前区（东部）包括大门、传达室、接待室等；中区是办公楼及附属用房，后区（西部）是监区。监区的监舍分南、北两监，平行排列。每监各有5幢监房，均为扇形展开。在扇柄之处建有一座二层瞭望楼，可同时监控各栋监房，瞭望楼的楼顶为瞭望台，中间二层为教诲室，一层设有惩训室。

1919年甘博访问了这座监狱。当时监狱的容量是556人，但不久后要扩建，新增容量400人。牢房共156间，其中有38间是8人牢房，8间是12人牢房。犯人每人一张木床、一条棉被、一个草垫、一个白枕头。牢房采用电灯照明，每两间牢房合用一个灯泡。监狱管理条例规定牢房的窗户每天都必须打开一段时间通风。在夏季，晚上也至少要开一扇窗户。冬季时当犯人关上窗户保暖，牢房顶上的通气孔也可以保证有微弱的气流畅通，因此总体的采光和通风条件尚可。据甘博统计，截至1915年，这里先

不良少年教养院(京师第一监狱)　北京 1919　282-1613

后收押犯人 642 名，其中有 22 人入狱时年龄不足 16 岁，117 人
不足 21 岁①。

　　民国十三年(1924 年)颁布的《监犯未满十八岁者须施教育令》
规定："查在监人犯未满十八岁者，除教诲外，照章须一律施以教
育。兹特将年龄限制取消，由本部选定教育课本，开单附后……每
日至少须授课两小时，以昭划一。其有同等学历或程度较高者，应

---

　　①　[美]西德尼·D·甘博著；陈愉秉等译. 北京的社会调查[M]. 北
京：中国书店，2010：347.

照监狱规则第五十条，设相当补习科，或令其温习旧课，以收实效。"①这条行政命令取消了18岁以下受教育的年龄限制，将受教育的范围扩大到了所有的人犯。

监狱对犯人实施的教育，根据犯人的年龄和受教育程度，分为初习、补习两级教育课程，每级各设一、二、三级。初习课程有修身、识字、算术、常识、体操、唱歌等；补习课程有修身、国文、算术、卫生、公民、历史、地理等。《监犯未满十八岁者须施教育令》后附有初习和补习课程选用的教材，如初习科选用的是《共和国教科书新修身》、《平民千字课》、《珠算指南》、《国民必读》、《体操教材》，唱歌课的曲目则有《劝民歌》、《朝明歌》、《静夜思歌》等；补习科选用的是《新法修身教科书》、《新法国语文教科书》、《新法笔算教科书》、《新法卫生教科书》、《新法公民教科书》、《新法历史教科书》、《新法地理教科书》。

民国时期是我国监狱改良的重要历史时期，当时狱中的教诲、教育制度已呈现出明显区别于封建社会改造罪犯的特点。如1913年司法部颁布的《监狱规则》第48条规定："在监者一律施教诲。"这说明教诲的对象是所有服刑人员。但对于教育而言，则并非针对所有罪犯。如第49条规定："未满十八岁者一律实施教育，但满十八岁者自请教育，或监狱官认为必要时亦得教育之。"②

---

① 山东省劳改局. 民国监狱法规选编［M］. 北京：中国书店，1990：369.

② 山东省劳改局. 民国监狱法规选编［M］. 北京：中国书店，1990：5.

民国时期监狱的教诲主要分为三种形式：集合教诲、类别教诲和个人教诲。所谓集合教诲，就是把犯人集中于教诲室，同时施于教诲。通常安排在星期日、国庆日或纪念日，由监外的宗教人士或教育名人来做演讲；类别教诲，就是根据罪犯的罪名、情节轻重、职业、性情等情况分类，把相同类型的犯人集中于一处，施于针对性的教育；而个人教诲则是在某个犯人入监、出监、转监、疾病、亲丧、惩罚、接见和书信时，随时进行个别性的教诲。对于京师第一监狱而言，18 岁以下的犯人每天有 1~2 小时的学习时间，课程与普通小学课程相同。而所有的犯人，无论年龄大小都必须接受宗教和道德教诲。教诲活动通常安排在午休时的厂房里进行，有时也安排在监狱的教诲室里。

照片 282-1614 拍摄的是京师第一监狱的教诲室。墙上分别挂着孔子、老子、耶稣、默罕默德和约翰·霍华德①的画像。另外，正面墙上还挂了一幅观世音菩萨的画像。这说明服刑人员中既有佛教徒，也有基督徒和穆斯林。狱方管理人员考虑到了犯人不同的宗教信仰，并十分欢迎宗教人士前去布道传教，或进行道德说教。画像前用栏杆围起来的地方，就是演讲或上课时的讲台。

讲台的下方是听众席。整个教诲室采用了阶梯式设计，距离讲台越远位置越高，坐在后排的人不会被前排遮挡视线。与众不同的

---

① 约翰·霍华德(1726—1790 年)，英国人，18 世纪欧洲资产阶级监狱改良运动的代表人物，被后世称为监狱改良的鼻祖。他主张：对于犯人，不能以监禁和驱逐为满足，必须以劳动教诲、善导感化之；对于不良少年，必须使其养成勤勉劳动的习惯；对于能彻底悔过自新的犯人，应采取缩短刑期的制度。

五位先哲的画像　北京 1919　282-1614

是，每个座位都用隔板围了起来，犯人坐在里面，从讲台平视过去只能看见半个脑袋（照片 282-1615）。这样的设计，是为了让犯人集中注意力听讲，前后左右不会互相干扰。

京师第一监狱会给每个犯人安排合适的工作，这体现了"劳动教养"的理念。像木工、织布、排字、印刷、装订以及鞋匠、裁缝、做火柴、泥瓦匠、铁匠、皮匠、篾匠等劳动技能，都在传授之列。工作时，通常安排 25 至 40 个犯人一组，有狱警在旁边监视。犯人的工作时间视季节不同有所变化，夏季每天工作 12 小时，冬季则每天 10 小时。即使这样，工作也不十分劳累，而且

教诲室座位　北京 1919　282-1615

只要认真守纪，犯人还能获得一定的劳动报酬。视工作的数量和质量，每人每天能获得 1 至 6 个铜板。监狱允许犯人使用部分劳动报酬，剩余的部分存在司法部，出狱时再发还。据 1916 年的报告，监狱犯人创造的产值为 48380 元，实现利润 9610 元①。照片 243-1365 拍摄的是关押短期犯人的监狱里犯人们在狱警的监视下糊火柴盒。

监狱犯人在糊火柴盒　北京 1919　243-1365

---

① ［美］西德尼·D·甘博著；陈愉秉等译. 北京的社会调查［M］. 北京：中国书店，2010：343.

除了教诲、教育和劳动之外，监狱也会给犯人安排放风和体育锻炼的时间。据甘博调查，关押在京师第一监狱的犯人，每天都有户外锻炼活动，包括体操和跑步半小时。照片 282-1616 拍摄的是京师第一监狱的少年犯们在练习走正步。

少年犯正步走　北京 1919　282-1616

二、五族教养院的男童　北京 1919

五族教养院的地址在今北京市宣武区下斜街①，它是一所因中国五个主要民族(汉族、满族、蒙古族、藏族、回族)而得名的教养院，主要是为收养贫苦儿童开办的，但也收留了一些贫苦的成年男子，以便他们帮助教养院做一些工作。这里生活着大约70名男孩和20名成年男子。院舍原本是一座古老的寺庙，甘博到访时，这里的建筑已年久失修，条件非常艰苦。男孩们冬天只能穿着棉衣挤在铺着草、没有被褥的炕上一起睡觉。夏天又因为拥挤而炎热不堪。

这所教养院的孩子不用学习任何文化课程，但每天要工作8~9个小时，用芦苇或柳条编织箱子、篮子和笊篱(照片282-1617)。为了保持芦苇和柳条的韧性，工作只能在潮湿的屋子里进行，70名男孩只能光着上身在这间拥挤和潮湿的屋子里劳动。五族教养院所需的经费，很大一部分靠售卖孩子们的编织品而获得，另外不足的部分则由京城的一所大剧院来提供。这家剧院通过出售2个铜板一张的特殊慈善门票来筹集资金。

甘博在《北京的社会调查》里写道："尽管这里的生活条件和工作环境很差，但看上去开办教养院还是一件有益的事情。在这里孩子们可以自食其力，能够有一个地方住，有饭吃。他们并没有得到什么教育，而所接受的手艺培训也只是让他们学会了编织篮子。这种工作是报酬最微薄的一种。即使如此，也比让这些孩子们在教养院之类的救济单位之外自己挣扎苦熬要好得多。"①

---

① [美]西德尼·D·甘博著；陈愉秉等译. 北京的社会调查[M]. 北京：中国书店，2010：325.

教养院里编竹篮的男孩　北京 1919　282-1617

三、济良所的女孩们　北京 1919

　　据北京警察厅提供给甘博的数据，1912 年北京有合法的妓院
353 家，注册妓女 2996 人。到 1917 年，妓院上升到 406 家，注册
妓女 3887 人。因为有利可图，很多人贩子从事拐卖妇女儿童的犯
罪活动。也有一些贫苦家庭，父母因为经济压力把女儿卖到了妓
院。为了挽救这些不幸的妇女儿童，1913 年京师警察厅成立不久，

即着手组建了京师警察厅济良所。它是将 1906 年成立的北京济良所从南城的五道庙迁至内城的皮裤胡同（现北京师范大学实验中学所在地），并与这里的女习艺所合并而成，甘博称之为"希望之门"（Door of Hope）。

根据《北京济良所管理条例》，凡是被逼为娼的妇女，或是被妓院老板虐待并失去人身自由的妓女、愿意从良的妇女，以及无处容身及无依无靠的妇女，都可由警察厅送往济良所，但必须经法院或警察厅审查之后才能收容。而实际上，"希望之门"还收留了从人贩子手里或吸毒家庭、赤贫家庭解救出来的女童，还有被关在妇女感化所服刑的女犯人。

济良所内的教育和劳动同时进行。据甘博记载，在一间宽大的约 60 平方米的半现代化建筑里，济良所和习艺所的妇女们正在使用 20 多台"歌手"牌缝纫机，紧张地从事缝纫工作。生产出来的衣服卖出去以后，扣除材料等实际成本，利润全部付给这些妇女。济良所的其他建筑都是传统的中国样式，几排平房围着一个大院子。除卧房外，还有几间教室，这是年龄较小的女孩接受普通学校教育的地方。被收容人员每天工作 6 小时，其余时间可以学习中文、德育、算术、艺术、烹饪、缝纫、体操和音乐等课程。但甘博怀疑这些课程是否真正开设过。

这是甘博为京师警察厅济良所女童拍摄的其中一张照片（274-1570）。这些女孩多半是因被拐卖或无家可归等原因而被警察局送到这里的，年龄最小的看上去也就三四岁，她们像奴婢一样低着头，神情悲凄、沮丧、胆怯，不知道等待她们的命运将是什么。

妇女或女孩一旦被济良所收容，除非她的亲属提出申请愿意收

济良所的女孩们近影　北京 1919　274-1570

留她，或是要结婚，否则不能离开。而感化所的女犯，只要刑期一满便可离开。根据《北京济良所管理条例》的规定，济良所里的妇女除了不到结婚年龄的，都必须照相。照片连同其姓名和编号，挂在济良所的相片陈列室里，让每个路过的人都能看到。

　　若是有男子看中了其中某位女子，可向管理部门提出见面申请，经经理批准后双方见面再协商婚姻大事。男方必须填写一张申请表，写明自己的姓名、籍贯、亲属、地址、职业等，是否有妾，以及要娶的这位妇女将来是为妻还是做妾。同时，男方还必须出具由城里三家商号开具的担保书，保证该男子是出于诚意，而不是把

济良所看女孩照片的男子　北京 1919　274-1565

女子弄到手后再转手卖掉。警察厅在审核所填信息的真实性后，便可签订一式两份婚姻协议，原件交与女方保存，副本存在警察厅备案。男子与济良所里的女子结婚，除警察厅特许，都要向济良所捐献一笔款项。这笔钱的多少取决于该男子对姑娘的满意程度及他自己的支付能力，必须在婚姻协议签订之日交纳，"希望之门"会出具官方收据。

1919 年的某一天，京师警察厅济良所大门口，一名白衣男子正在审视墙上的女孩照片，或许他已经为其中某位女孩动心了。

第七章　新潮前卫的女子教育

中国第一所女校诞生于 1844 年，那是由英国女传教士爱尔德赛（Mary Ann Aldersey）在宁波创办的宁波女塾。进入 20 世纪后，随着资产阶级社会改良运动的兴起，女子教育也迎来了发展契机。1902 年 4 月，中国教育会创办后不久，蔡元培等即在上海创办爱国女校。该校女生不但不用学习传统的"三从四德"，而且不得缠足、涂脂抹粉、穿戴华丽服装及首饰等。此后如雨后春笋般涌现出一批女子学堂。至 1907 年，全国女子学堂的数量已有 428 所，除甘肃、新疆和吉林三省外，其他各省均有设立，女学生数量达15498 人①。

1912 年中华民国建立后，学校教育风气为之一新，女子接受教育的日渐增多。1912—1913 年颁布的"壬子癸丑学制"对推行女子教育有三个贡献：一是允许初小女生与男生同校；二是设立女子中学、女子师范及女子高等师范；三是不另设女校系统，特设女学校章程。"壬子癸丑学制"开创了初等小学男女同校的先例，其中规定的女子学制不另设系统，实际上是在法律层面承认了男女具有

---

① 王美秀.中国近代社会转型与女子教育的发展[J].北京大学学报（哲社版），2001(3)：87-94.

同等接受教育的权利。据统计，至 1916 年，全国女校共有 3461 所，女学生数量为 172724 人①。新文化运动对封建礼教的冲击，也在高等教育领域取得了成果。1919 年 5 月西北甘肃的邓春兰上书北京大学校长蔡元培，要求开放女禁，后成为北京大学的第一位女旁听生。1920 年秋，北京大学与南京高等师范相约正式招收女生。至 1923 年，全国各大学及专门学校女生人数增加到 887 人，占学生总数的 2.5%②。

一、正则学校的女生　杭州 1918

民国时期的教会学校，多取中国传统的校名。"正则"出自《楚辞·离骚》"名余曰正则兮，字余曰灵均"，取公正而有法则之意。位于杭州城内大塔儿巷 19 号的正则学校，是之江大学的附属小学，而之江大学是基督教美国北长老会和南长老会在中国联合创办的一所教会大学，其前身为 1845 年于宁波创立的崇信义塾。浙江大学沈弘教授曾发现一份刊印于 1925 年的非正式出版物上的一则关于杭州正则学校的广告："本校系之江文理学院所分设，内分初级中学三级，完全小学六级，学额三百名。校址在城内大塔儿巷十九号门牌，即育英书院旧址。"

而在 1917 年之前，正则学校只是一所由美国北长老会开办的

---

① 雷良波等．中国女子教育史［M］．武汉：武汉出版社，1993：291．
② 中国教育改进社．中国教育统计概览［M］．上海：上海商务印书馆，1924：4．

全日制小学，地址也不在大塔儿巷，而是在皮市巷内。1917 年，在育英书院旧址大塔儿巷办学的弘道女校，建成新的校舍，不久就搬走了。于是这所小学搬进了大塔儿巷，并改名为"正则学校"，其首任校长姓方。据之江大学首任校长裘德生（J. H. Judson）回忆，正则学校刚成立的时候，生源很少，只招到二三十个男孩和女孩。

照片 168-945 是甘博为正则学校的女生拍摄的合影。18 位小学生衣着朴素而整洁，年龄稍大一点的女孩头发都梳得干净整齐。后排左一白衣黑裙者为女教师，应该也是从教会中学毕业的。

正则学校的女生　杭州 1918　168-945

二、私立真光女子中学校舍　广州1918

真光女子中学的前身是美国基督教长老会的那夏理（Harriet Newell Noyes）于清同治十一年（1872年）创办的真光书院。书院初办时只有6名女生，地址在金利埠，后遭火灾，乃迁至仁济街，并扩大招生，有小学班、成人班、神道班。1909年改为"真光中学堂"，增设师范科。1912年改校名为"私立真光女子中学"，成为广州最早的女子中学。1914年由刘心慈任校长。1913年那夏理与美差会商议扩建新校，经校董事会决议，在芳村海旁购得一块空地，后发现这块地地势低洼，易受洪涝威胁，乃改议新址。之后真光女子中学在白鹤洞蛇岗上购得土地60亩，在此建造新校舍。

1917年新校舍主体工程完成，真光女子中学迁入，但小学部及附设的妇人传道班仍留在仁济街，师范班并入私立协和女子师范学校。1928年，遵照教育部关于外国人、外国教会不得在华办设中学的规定，交由华人教会仁济堂办理。

真光女子中学从1872年书院时期至1917年白鹤洞新校招生，45年内共培养学生3724人，其中担任女传道约310人，占8.4%。成为教师、护士和医生的也不少，达到了教会通过办学校以传道的要求。1917年，白鹤洞真光中学开办初期的校舍有教学楼一栋、学生宿舍两座、食堂一座、教员宿舍一座，以及一些较小的建筑物，但仅有学生 93 名。1919 年首届中学毕业生仅有 6 人①。

照片 146-819 是甘博 1918 年访问广州时拍摄的，图中建筑是真光女子中学刚投入使用不久的教学大楼。

私立真光女子中学教学大楼前　广州 1918　146-819

三、贝满女校和协和女子学院　北京 1919

据甘博的《北京的社会调查》，1919 年时的北京共有女校 38 所，

① 芳村文史·第 1 辑[M]. 广州：广州市芳村区政协文史资料委员会，1988：57.

其中包括 5 所高等学校，32 所中小学程度的学校以及 1 所幼儿园。在 32 所中小学女校中，甘博重点调查了公理会女子学校——贝满女校。

公理会是基督教新教公理宗的教会，16 世纪产生于英国，19 世纪初传入中国，先后在广州、福州、华北、山西等地活动，因宣传教义兴办学校，为当地的教育事业作出了卓越贡献。北京基督教公理会在灯市口办有两所学校，一所是传教士裨治文（Elijah Coleman Bridgman）的夫人艾莉莎·贝满（Eliza Gillett Bridgman）1864 年创办的灯市口女蒙馆，后发展为贝满女校；另一所是由美国公理会传教士白汉理（Henry Blodget）创办的灯市口男蒙馆，1901 年更名为育英中学。

贝满女校地址在灯市口大街北面的大鹁鸽市胡同，最初只有小学部，每年只能招到十五六人。中国教员加入后，规模逐渐扩大，至 1895 年，开始成立四年制女子中学。民国后，贝满女校发展成为北京城内的知名学校。1914 年秋至 1918 年夏，当代著名女作家冰心曾就读于中学部。据冰心回忆，舅舅杨子敬"向他的青年会干事朋友打听有什么好的女子中学的时候，他们就介绍了离我们家最近的东城灯市口公理会的贝满女子中学。"①

冰心毕业后的第二年夏天，甘博访问了贝满女校，并为该校小学部和中学部的同学拍摄了一组照片。贝满女子学校的小学部也叫培元蒙学，学制六年，分为初小班和高小班，设在公理会大院内。

下面 2 张照片是甘博为培元蒙学初小班拍摄的课堂及户外合影。

---

① 冰心. 我入了贝满中斋［M］// 卓如主编. 冰心全集·第 7 卷. 福州：海峡文艺出版社，1994：458.

贝满女校初小班教室　北京 1919　262-1495

贝满女校初小班合影　北京 1919　262-1496

下面 2 张照片是甘博为培元蒙学高小班拍摄的合影。

贝满女校高小班合影　北京 1919　262-1499

贝满女校高小班毕业照　北京 1919　262-1500

1914年秋天，冰心跟随舅舅去贝满女子中学报名。据她回忆："那时的贝满女中是在灯市口公理会大院内西北角的一组曲尺形的楼房里。在曲尺的转折处，东南面的楼壁上，有横写的四个金字'贝满中斋'——那时教会学校用的都是中国传统的名称：中学称中斋，大学称书院，小学称蒙学……走上十级左右的台阶，便进到楼道左边的一间办公室。有位中年的美国女教士，就是校长吧，把我领到一间课室里，递给我一道中文老师出的论说题目，是'学然后知不足'。这题目是我在家塾中做过的，于是我不费思索，一挥而就。校长斐教士十分惊奇叹赏，对我舅舅说：'她可以插入一年级，明天就交学费上学吧。'"①

照片262-1497拍摄的是贝满中斋教室内的情景。为了让全班同学都能进入镜头，两个座位的课桌临时安排了三位同学入座，两侧靠近镜头的座位则空着。教室后面的墙壁上，可以清晰地看见耶稣的画像。

贝满中斋的学生大部分是基督徒，多是从保定、通县和北京或外省公理会女子小学升上来的，实行寄宿制。每天上午除上课外，最后留半小时搞一个小聚会，多半是本校教师或公理会牧师来给学生布道。另外，星期天安排了查经班，学校把非基督徒学生与基督徒混编在一起，还要去教堂做礼拜。贝满中斋还有一个集体活动，那就是每周三下午的"文学会"，安排学生读报、演讲和辩论。

---

① 冰心.我入了贝满中斋［M］//卓如主编.冰心全集·第7卷.福州：海峡文艺出版社，1994：459.

贝满女子中学教室　北京1919　262-1497

　　贝满中斋是按普通科和幼稚师范科来培养的。据通俗教育研究会所编的《北京入学指南》，1917年贝满中斋普通科开设的课程有：圣经、国文、英文、数学、代数、几何、地理、地势、天文、格致、植物、动物、生理、历史、心理、教育、音乐、习字、图画和体操。幼稚师范科开设的课程有：圣经、国文、英文、代数、几何、地理、地势、天文、教育、心理、生理、植物、师范、理科、历史、教育史、泥仿制物、恩物及手工、课单、母游戏歌、福禄贝尔事迹及教育学、初等小学秩序表、游戏法及音乐、习字、图画、体操等。据冰心回忆，当时所用的教材，都是教会学校系统自己编印的，大半是从英文课本翻译过来的。历史教科书则是从《资治通鉴》摘编的"鉴史辑要"，只有英文用的是商务印书馆的课本。

照片 262-1498 是贝满中斋 1919 届毕业生的合影。她们是1915 年秋季入学的，比冰心晚了一届。如果没有人因故错过这次合影的话，这个班的毕业人数为 15 人。这些人当中的大多数要回到自己曾经就读的公理会小学去教书，还有少数人升入协和

贝满女子中学毕业照　北京 1919　262-1498

女子学院预科。

1905 年，贝满女子学校正式分为华北协和女子书院（The North China Union Women's College）、贝满中斋及培元蒙学三部分，但仍在一处办学，由麦美德（S. Luella Miner）任总校长。协和女子学院是在贝满中斋的基础上增设大学课程而建立的，是中国的第一所女子大学。当年贝满女校中学部毕业的 14 名女生成为书院的第一届学员，但到了 1909 年 6 月，只有 4 位女生（一说 3 名）从协和女子书院毕业。1916 年，协和女子书院因人数增加，迁至佟府。1920年，华北协和女子学院并入由汇文大学、通州协和大学合并成立的燕京大学。

照片 307-1754 是甘博 1919 年拍摄的华北协和女子学院的大门。这里原是清朝权臣佟国维的府邸。1926 年，燕京大学女校与男校合并迁往城外（今北京大学所在地），贝满女校高中部遂搬迁至佟府，初中部仍在灯市口公理会院内。20 世纪 30 年代流行的贝满女中的校歌唱道：

你永远记得我们佟府吗？
它便是我们的第二安乐家。
静静的曲巷门前少人喧，
深深的亭院丛树碧无涯。
朝阳中朗朗诵破万卷书，
笑语中尽是手足情欢洽。
佟府胜过故乡，我们焉能忘？

人生标的何处？凭你指方向……①

华北协和女子学院学制为预科二年、本科三年，招收四年制中学毕业生，下设 5 个系：数学系、自然科学系、中国古典文学系、历史和经济系及圣经、心理和伦理系。开设了 26 门课程。学生无论主修哪个系，都必须在其他每个系中至少选修一门课。同时，还必修圣经、作文、书法、音乐、体育和美术等课程。

照片 307-1759 是甘博在华北协和女子学院（佟府）内拍摄的一张单人照。中国传统园林建筑的月亮门象征圆满、幸福，门内站着一位典雅、贤淑的女大学生，构成了一幅精美的图画。甘博到访时，冰心正在这里就读。照片中的女大学生，或许就是冰心的同窗。

华北协和女子学院成立之始，经费源于教会拨款和个人捐助，图书馆和实验设备简陋不堪，教师人数和所开课程也十分有限，只有教师 2 人及助理教师 3 人，学生也仅 4 人。1910 年学生人数才上升至 10 人。"此时教会女子大学入学不仅人数少，而坚持读完直至毕业的人数更少，中途辍学比例甚高。华北协和女大自 1905 年创办至 1920 年并入燕京，前后毕业学生共计 72 人，其中本科 31 人，专科 41 人。"②

照片 307-1758 中，华北协和女子学院的三位学生在图书馆内埋头阅读，书桌上摆放着厚厚的工具书。

① 李敖 . 李敖自传 [M] . 北京：中国友谊出版公司，2010：53.

② 中国社会科学院世界宗教研究所 . 中华归主——中国基督教事业统计 [M] . 北京：中国社会科学出版社，1987：935.

协和女子学院所在地佟府大门　北京 1919　307-1754

协和女子学院（月亮门）女大学生　北京 1919　307-1759

协和女子学院图书馆　北京 1919　307-1758

四、长老会女校　济南 1919

1861 年，美国北长老会神学博士倪维思（John Livingstone Nevius）携夫人来到山东登州（今蓬莱），次年夫妇二人就创办了"管饭、且管衣服等物的寄宿女义塾"。尽管当时只招收到几名穷苦人家的孩子，但开了山东女子接受教育的先河。经过 37 年的发展后，山东教会女子学校共有 48 所，在校女生 769 人①。其中开办女子学校最多的差会就是美国北长老会，拥有 25 所。

在济南，美国北长老会传教士翰维廉（W. B. Hamliton）于 1893 年创办济美学馆，但只收男生。1912 年建济美楼，济美学馆改称"济美中学"，学制开始固定，先为初中，1920 年增设高中。1914 年，美国北长老会传教士辛嘉礼的夫人在济美中学的西邻又创办了一所翰美女子中学，并建翰美楼，专收女生。1917 年，翰美女子中学发展到 5 个班，招收女生 100 人。1929 年，为了向政府备案，翰美女子学校与济美中学合并，改称齐鲁中学②，现为济南市第五中学。

1919 年，甘博经济南去泰安，途中拜访了翰美女子中学，照片 245-1378 中的建筑疑为当年的翰美楼。该楼于 1948 年毁于战火，墙体全部倒塌。

---

① 曹立新. 晚清山东新式学堂［M］. 济南：山东文艺出版社，2004：111.

② 秦一心等. 济南老街史话・第 2 册［M］. 济南：黄河出版社，2007：416.

长老会女校　济南 1919　245-1378

五、金陵女子大学文学馆　南京 1924

　　1913 年 11 月，8 个美国教会组织在上海召开会议，决定在南京创建一所女子联合大学。1915 年在南京城东绣花巷租用李鸿章旧宅，正式组建金陵女子大学。9 月 17 日，8 个学生和 6 名教师（其中美籍 4 人、中国籍 2 人）参加了学校的开学仪式。第一年仅有 13 名注册学生，平均年龄为 24 岁。学校初期建立了生物系、历

金陵女子大学文学馆　南京1924　363-2073

史系、宗教系等系科，开设的课程有中国古典文学、英国文学、修辞学、宗教、基督生活、卫生学和绘画，甚至还有哲学、化学和数学。除了中国古典文学外，所有课程都用英语上课。

1921年，金陵女子大学的创始人之一德本康夫人（Matila S. Calder）筹划在宁海路南端西侧购地建造新校园，由美国建筑师墨菲设计，中国建筑师吕彦直担任助手，陈明记营造厂承建。1923年新校舍落成，一共是6栋建筑，包括会议楼、科学馆、文学馆和三幢学生宿舍。1934年又续建了图书馆、大礼堂。

照片363-2073是甘博1924年访问金陵女子大学时拍下的，图中建筑即为文学馆。这栋大楼主体两层，当时作教室兼行政楼使用，甘博称之为"吟诵堂"。

1915 年金女大正式招生时，其教育目标明确规定为："为伸展基督教在中国的影响缘故，及为着教育的延伸，学校必须提供领袖训练，教育基督徒妇女，以装备她们为基督服务，并发展妇女高等教育。"从吴贻芳执掌金陵女子大学起，逐渐淡化了宗教色彩，把为社会培养人才作为教育的目标。1930 年，金陵女大向国民政府教育部备案，更名为金陵女子文理学院。

第八章　自发的对外汉语教育

　　自马礼逊 1807 年来华后，数以千计的传教士不远万里来到中国，从事以传播基督教为核心目标的活动，同时也从事教育、医疗等服务于当地社会的各项事业。但他们当中的大多数人，来中国之前并没有接受过专门的培训，对中国的历史、文化、社会习俗等缺乏深入了解，更难以掌握在中国工作的基本工具——汉语。很多传教士只能一边工作，一边通过与中国当地人的交流自学汉语。1887年，英国内地会决定在中国创办两所语言训练所 (Training School)，分别培训男、女传教士。培训男教士的设在安徽当时的首府安庆，由鲍康宁负责，后于 1910 年迁至镇江；培训女教士的设在扬州，由莫拉雷 (Miss M. Murray) 负责。

　　1906 年 3 月，上海传教士召开联合会议，来自美国北长老会、伦敦会、内地会等不同差会就"课程教育"进行了深入交流，一致认为应联合创办汉语培训学校。此后，形式各异的汉语短训班、联合语言学校、汉语学习小组纷纷应运而生，比较知名的有江西牯岭语言学校、金陵大学华言科、北京的华北协和华语学校、广州的协和华语学校、东吴大学的吴语方言学校、华西的协和传教士语言学校等，由此掀起了在华传教士自发兴办汉语教育的高潮。

　　1917—1919 年甘博第一次访华期间，不止一次到过南京，拜访过金陵大学华言科；1924—1927 年甘博第二次访华，夫妇两人在华北协和华语学校学习过汉语。因此，甘博为我们留下了这两所语言学校的珍贵影像。

一、金陵大学华言科　南京 1918—1919

1911 年夏，莫干山传教士会议批准成立一个为长江下游传教士服务的语言学校。会议很快任命了一个委员会，决定在这年冬天举办为期一个月的临时联合语言学校。学校借用上海青年会的场地，在农历新年开班。没想到的是，原计划只招 40 名学生，开学那天却来了 100 多名学生。所幸当时正值辛亥革命爆发，江浙很多人去上海避难，很容易找到足够的汉语教师。临时语言学校办得很成功，共有来自全国 9 省的 170 名传教士参加。大家都觉得有必要建一所永久性的语言学校，金陵大学董事会认为这是一个扩大服务的机会，便把这个任务承接了下来。

金陵大学语言学校由传教士美在中（F. E. Meigs）负责筹建，起初选聘了 33 位中文教师，其中中国教员是必不可少的，如贾福堂在牯岭语言学校和上海临时语言学校都教过中文，教学经验丰富。美在中本人除负责学校的日常管理外，还担任了汉字的罗马音标、中国地理和中国历史课程的教学工作。金陵大学语言学校于 1912 年 10 月 15 日正式开学，第一届学员共有 45 名传教士，来自江苏、江西、四川、河南、浙江、安徽、湖南、湖北 8 省的 15 个差会。每位学员交给学校 50 鹰洋作为学费，另外还须付给私人教师每月 10 元。

金陵大学语言学校正式的英文名称是"The Department of Missionary Training"，偶尔也用"Nanking Language School"；正式的中文名称则是"金陵大学华言科"。从其英文校名可以看出，它不仅是汉语学校，更是全方位的传教培训学校。1914 年，在华工作长达 12 年之久的美国浸信会传教士钦嘉乐（C. S. Keen）被金陵大学任命为语言学校的永久校长。在这之后的 10 年当中，华言科的办学条件得到了很大的改善，1918 年建成了专供单身女学员居住的宿舍楼，学校以创办人美在中的名字命名为美在中堂。

甘博 1918 年访问南京时，拍下了还在建设中的美在中堂（164-922）。

华言科最初只能提供一学年的课程。第一届学生不分学期，在校学习时间为 7 个月。1918 年后，华言科引入了学分制，学制也延长至 5 年。第一年要求全日制住宿上课；第二年也是必修课，但学员可以选择住宿或函授；最后三年都是选修课，以函授方式进行。学员每学完一年的课程，学校都发结业证书；如果修完五年课程，累计得到 23 个学分，就能获得文凭。必修课程有《圣经》选读、汉字书写与分解、作文、背诵、演讲、英语阅读等；选修课分为 5 类，即国语文学、国语教材、国语圣经、文理和辞源作文，每类都包括多种课程，如文理类要阅读的经典，既包括《大学》《论语》《孟子》，也包括中文版的《新约圣经》等。

华言科每天至少安排学员 45 分钟与中国老师进行对话练习，练习过程中严禁讲母语。学校还会邀请社会各界名流来演讲，内容涉及汉语学习以及中国政治、社会、文化、宗教等方面的问题，如

建设中的美在中堂　南京 1918　164-922

司徒雷登来校讲过"中国礼节"和"中国语音学"。这些演讲对新来的传教士了解中国的风土人情、宗教的历史与现状，都大有裨益。南京有一群传教士，他们讲南京腔的国语，在以后的工作中逐渐形成了亲密的所谓"南京帮"，以致于他们回到美国后仍以"我们南京人"自称，可见他们受中国语言文化影响之深①。

　　照片 299-1712 是甘博 1919 年再次访问南京时拍下的，图中大

---

　　①　章开沅 . "南京帮"的故事——传教士在中西文化交流中的角色［C］//传播与植根：基督教与中西文化交流论集 . 广州：广东人民出版社，2005：234-251.

楼即为金陵大学华言科所在地华言学堂。值得一提的是，在 1937
年惨绝人寰的南京大屠杀中，华言学堂作为南京市的 9 个临时难民
所之一，曾参与救济过难民。

金陵大学华言学堂　南京 1919　299-1712

二、华北协和语言学校　北京 1918—1931

"洎乎海禁大驰，西人来华因之日众，而侨居京师者尤多，徒

以不谙华言，交际殊多滞困，虽欲研习华语，莫知途径所趋。爰于民国初季，始有华语学校之设"①。这里所谓的"华语学校"指的是"华北协和语言学校"，系基督教新教差会及在华机构联合创设的一所语言学校，又称"华北联合语言学校"、"华北华语学校"。学校筹办始于1910年，最初由英国伦敦会传教士瑞思义（W. Hopkyn Rees）博士负责，但不久他奉召回国，筹办任务转交给北京基督教青年会。1913年，学校正式成立，地址在北京东城区灯市口大街路南85号。初建时，学校不大，院子里只有一栋楼房，以作教室、自修室和宿舍之用。6年后，美国传教士裴德士（W. B. Pettus）担任该校校长，逐渐把一个很小的语言学校扩建成当时较为有影响力的中国研究中心。

华北协和语言学校最初的培训对象是来华的传教士，后来扩展到其他任职的外国人，包括传教机构、公使馆和外国商会的职员等，中国学生只占很小的比例。据统计，1916—1917年，一共有来自9个省份20个不同差会的96名学生；而1917—1922年的5年间，共有来自21个国家的学生657名，其中474名美国人，129名英国人②。

华北协和语言学校的教师大多数是中国籍的，外籍教师只是少部分，师生比例接近1：3。外籍教员一般由久居中国的资深传教士，或是精通汉语的汉学家担任，如艾德敷（Dwight W. Edwards）、裴德士、芳泰瑞（Courtenay H. Fenn）、达卓志（George L. Davis）、

---

① 王竹铭. 发刊词：华语学校旬刊缘起［J］. 华语学校旬刊，1922，1（1）：3-4.

② 李孝迁. 域外汉学与中国现代史学·华文学校［M］. 上海：上海古籍出版社，2014：307-308.

恒慕义（Arthur W. Hummel）、博晨光（Lucius C. Porter）、明义士（James M. Menzies）、马尔智（Benjamin March）、王克私（Philippe de Vargas）、盈亨利（J. H. Ingram）、芳亨利（Henry C. Fenn）、都礼华（M. Gardner Tewksbury）、甘乃殖（George A. Kennedy）等。他们中的大部分是兼职，朝来夕去，流动性比较大，主要负责跟中国有关的研讨课。

1919—1920 年中国籍教师有 80 位，1922 年增长至 120 名。这些教师是向社会各界公开招聘，经过严格测试、筛选和专门培训之后，才能上岗。语言类课程主要由中国籍老师承担。据《华语学校旬刊》和 *The Mandarin* 考知，20 世纪 20 年代中方教师有王竹铭、章雪楼、李紫瑜、程锡之、王拜言、金际春、王耀庭、金醒吾、关葛民、李仲芳、林雨苍、王子荣、金慧卿、傅芸子、傅惜华、金绍芝、萧景班、耿幼山、钱寿如、王实明、叶云园、曾昆峰、陆海村、张效桓、王芝生、张炳南、王君平、许辑吾（五）、王树铭、张润斋、金仲升、吴质春、王峄生、赵晏川、马泽川、张文荣、张睿生、王伯川、丁振江、卢焕宸、萨啸空（曾名萨空了）、孙敬修、冯友兰、竺鸣子、于瑞卿、周巨之、王华堂、锐悦岑、张松泉、张崇海、奚仲先、郑子成、刘宝廷等人。

1918 年甘博首次访问华北协和语言学校，恰巧遇见校方正在对中方应聘汉语教师的人员进行国语测试，他赶紧按下快门，为我们留下了这 2 张宝贵的照片（202-1129、202-1128）。

华北协和语言学校自建立后发展很快，规模越来越大，原来的校舍已不够用了。1920 年，裴德士开始筹划在北京中心地区筹建新校区。通过洛克菲勒家族的资助以及裴德士在美国为期一年的募

协和语言学校的测试正面　　北京 1918　　202-1129

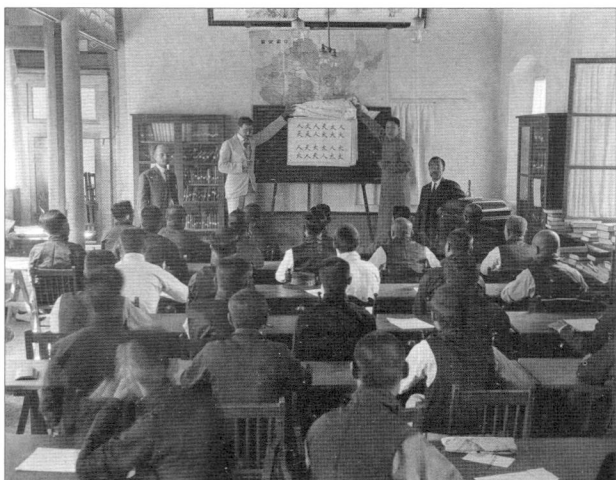

协和语言学校的测试背面　　北京 1918　　202-1128

捐，购得东四牌楼头条胡同怡王府旧宅。新校区是在怡王府旧宅的基础上改建而成的，1923 年动工，1925 年 10 月竣工，当年秋季学期就投入了使用。新校区占地 26 亩，共有 15 幢建筑。其中有一幢三层的主教学楼，楼下前边是行政办公室，右边是图书馆，左边是一个很大的演讲厅，后面是一个可以容纳 500 人的大礼堂。二楼和三楼都是一对一的教室，可由一名教师和一名学生进行面对面的单独教学。两幢宿舍楼，有百余套房间，每个套间都是单人间，各种设施齐全。三幢高级小别墅，最初由裴德士、博晨光、恒慕义三家居住。学校配有餐厅，供应中西两餐。还修有草坪、水泥网球场和占地十多亩的大操场。学校办学条件在当时堪称一流。

甘博 1924 年第二次访问中国时，与夫人伊丽莎白进入华北协和语言学校学习中文。学校采用"直观法"教授汉语，也就是由老师指着身体的某一部位或某一物体，直接说出对应的汉语，学生跟着老师不断重复念它的发音，直到它内化成自己的认知。然后，每位学生单独跟一位老师复习单词以及每天上午普通课所教的成语，且要用非常有限的词汇与老师进行海阔天空的对话，之后开始练习汉字书写、字意解析，采用的教材是鲍康宁编写的《英华合璧》（*A Mandarin Primer*，1920）。

美国著名汉学家费正清（John King Fairbank）也曾就学于这所语言学校。据他回忆："口语课开始后，我发现这里的直观教学法不同于布洛克的方法。这种方法是从北京话或者说国语的四声音调开始的。四声音调由罗马拼音字母和数字表示。我们就像一群小学生那样大声朗读'mā，má，mǎ，mà'。我们的同班同学中有三位是来自英国公使馆的培训人员。我们的班主任绰号叫'最亲爱的'。

他真了不起，仅仅几个星期，他的直观教学法就帮助我们取得不小进步。然而，当我们遇到抽象词语时，麻烦就来了。为了弄清楚何为'马'，'最亲爱的'就爬在地上，摇脖子。我们都能说'mà，mā'，但没有用，我们不懂是什么。很显然，我们需要使用字典。但裴德士博士坚持我们必须按照中国的老方法学习，先学发音，后理会含义。"①

巧合的是，1924年甘博拍下了这位"最亲爱的"老师——张炳南先生上课时的情景（见照片446-2569）。张老师在校时间较长，先后担任过班主任和教务长。他独特的教学方法给很多外国学员留下了深刻的印象，深受同学们的欢迎和喜爱。1941年太平洋战争爆发之前，美国国务卿赫尔（Cordell Hull）给海军部长诺克斯（Fran Knox）发函，要求远东舰队将10名华北协和语言学校的中国籍教师护送至美国加州，张炳南先生就是其中之一。

儿童教育家孙敬修先生20世纪20年代曾任教于这所学校，他对课堂情形有着生动的记忆："铃声一响，我跟着一队华语教员，随着那群洋学生，走进大课堂。校长大人和教员门，面对着学生们坐在讲台上。一位主讲教员化妆成一个衙役的样子，头上戴着红缨帽，向全体学生讲课。教材是个故事，是用汉语加英语合在一起编写的。这位教师边讲边说边唱边表演。表演的歌词，也是一半中文，一半英语……上课的时候，每个学生手里会有一张字条，上边印着课文，每个汉字上边儿都注着罗马拼音。那位主讲教员把这个故事连说带唱、带表演地讲了一遍，又范读字条上的字句。这样读

---

① ［美］费正清．费正清自传［M］．天津：天津人民出版社，1993：48-49.

She thought to herself "I, of this great age simply depending On this one son."

最亲爱的老师　北京 1924　446-2569

了两遍，下课铃响了，第一堂课就算上完了。"①由此可见，华北协和语言学校的老师经常将中国古典小说中的故事改编成话剧，通过寓教于乐的表演形式，提高教学效果。

以下 2 张照片是华北协和语言学校的老师上中文课时的情景。照片 458-2637 是在表演《聊斋志异》中的《赵城虎》，讲的是一位老妇的儿子被老虎吃掉了，老妇告到衙门，县太爷下令捉拿老虎，并判老虎给老妇养老送终。1927 年学校教员卜郎特（J. J. Brandt）出版的语文教材《汉文进阶》（*Introduction Literary Chinese*）保留了这篇课文。因为印象深刻，甘博当年在北京的好友，中国寺庙研究历史学家安·富善女士在 105 岁高龄时，仍能用中文完整地背诵《赵城虎》这篇课文。

照片 458-2636 是老师们在表演《聊斋志异》中的另一个故事《陆判》。

除了课堂上的学习，华北协和语言学校还经常组织学员参加各种体育比赛、摄影俱乐部活动以及有趣的旅行考察，参观北京及其周边地区的名胜古迹。北戴河就是一个相对固定的去处。学校在这里办有汉语暑期短训班，甚至建有自己的招待所。甘博对北戴河情有独钟，多次来这里度假。照片 398-2283 是甘博 1924 年拍摄的华北协和语言学校在北戴河盖的招待所。

华北协和语言学校的学制为五年，每年分为春季、秋季、冬季三个学期。夏天几个月里，学生在各避暑地跟随私人教师学习。1925 年夏，语言学校与燕京大学合并，更名为"燕京华文学校"

---

① 孙敬修. 我的故事：孙敬修回忆录[M]. 成都：四川少年儿童出版社，1989：93-94.

老师和老虎　北京 1925　458-2637

老师扮演判官　北京 1925　458-2636

（Yenching School of Chinese Studies），成为燕大的一部分，校长仍由裴德士担任。为了满足学员的四类需要（首先会说中文，其次能熟读古文，再者能研究中国文化，最后是能把中国文化介绍给西方），学校对课程进行了调整，除汉语教学外，增设了一些高级课程，讲授中国哲学、文学、历史、艺术、宗教等科目。如在 1926 年冬季课程表中，有博晨光的"中国思想概览"、"墨子宗教和哲学思想"，卜郎特的"初级和高级文言"，恒慕义的"中国文化史纲"和"中国社会习俗"，徐宝谦的"当代中国学生思想"，冯友兰的"庄子哲学"，马尔智的"中国文献目录"和"中国艺术"等课程。

华北协和语言学校招待所　北戴河 1924　398-2283

协和语言学校中方教师合影之一　北京 1931　603-3519

1927 年北伐战争爆发，局势一时不明朗，语言学校的外籍教师和学生纷纷回国，而此时语言学校与燕京大学在资金管理上出现了异议，在多种因素影响下，1928 年语言学校又从燕京大学独立出来。为募集办学经费，裴德士再度返美筹款。在他的努力下，加州工商业和文化教育业联合成立了"加州华文学校基金会"，成为学校最后 20 年的主要资助者，一直持续到 1949 年。1930 年学校英文名称改为"College of Chinese Studies Cooperation with California College in China"，中文名称仍沿其旧。此后，华北协和语言学校与美国加州大学加强了合作，逐渐成为加州大学派遣师生来华考察、学习、研究中国语言文化的基地。

1931 年甘博第三次访问中国。他再一次故地重游，来到了华北协和语言学校。这一次，他一口气为全校教师拍摄了 36 张照片。包括中方教师、外籍教师的合影。

照片 600-3499 是华北协和语言学校裴德士校长与外籍教师英格里姆、恒慕义的合影。

20 世纪 30 年代中方教师的完整名单暂无线索可考。但北平大使馆奥瑞德（Harry S. Aldrich）编辑的《华语须知》（*Practical Chinese, including a topical dictionary of 5000 everyday terms*，Peiping H. Vetch，1934）是由美国大使馆武官华语教师办公室商订的，其中的华语教师大多来自华北协和语言学校，包括金叔廷、金月波、全静

裴德士（左）、英格里姆（中）和恒慕义（右）　　北京 1931　　600-3499

协和语言学校中方教师合影之四　北京 1931　602-3512

侯、秀毓生、林雨苍、刘尚贤、田谷香、王伯川、文鉴泉、叶绍
廷、武汉章等人①，他们当中有相当一部分是旗人基督徒。

　　时隔 7 年之后，甘博再次见到了"最亲爱的"张老师，照片
602-3512 中右一即为张炳南先生。照片 604-3529 中的中文老师是
陆梅尊（Lu Mei-tsun，音译）。

　　照片 604-3529 和 600-3503 是华北协和语言学校中方教师与外
籍学员的合影。

---

　　① 李孝迁. 域外汉学与中国现代史学·华文学校[M]. 上海：上海古籍
出版社，2014：323.

协和语言学校中方教师与外籍学员合影之二　北京 1931　604-3529

协和语言学校中方教师与外籍学员合影之一　北京 1931

600-3503

协和语言学校中方老师合影之二　北京 1931　601-3505

协和语言学校中方教师合影之三　北京 1931　604-3526

华北协和语言学校外籍学员也有单独合影（601-3506）。

协和语言学校外籍学员合影　北京 1931　601-3506

第九章　孜孜以求的教会学校

　　清道光十五年（1835 年），西方传教士为纪念刚去世一年的马礼逊，在中国澳门创办了"马礼逊学堂"，成为中国近代第一所教会学校。早期的教会学校施行的实际上是一种扫盲教育，通常附设于某个教堂，学生寥寥无几。为了留住生源，这些学校不仅免收学费，还供给衣服、粮食等生活补贴，招收的学生多是贫苦教徒的子弟或无家可归的乞丐。因为招收的学生知识起点低，早期的教会学校多属小学层次，开设的课程内容有四书五经、《圣经》知识、西方史地知识、西方科学知识和少量的英语知识，既没有统一的教学科目和修业标准，也没有正规的学制年限、培养目标和教学计划。在经费困难时期，还会让学生做一些手工艺维持学校运转，因传教士个人原因，如生病、去世、回国等而导致教会学校停办的事情时有发生。

　　然而，19 世纪 60 年代兴起的洋务运动刺激了中国社会对西式人才的需求，20 世纪初前后，开办洋学堂成为一股热潮。教会学校也借"西学"之便而广受欢迎，逐渐走上了规范化、世俗化和本土化的发展道路。1912 年，教会学校的学生已达 138937 人，1920

年更是达到了 245049 人，8 年间几乎翻了整整一倍①。教会学校的招生对象也有变化，"特别是在沿海通商口岸，多数教会学校已不再免费招收贫苦孩子入学，而是设法吸收富人子弟入学，并且收取较高的学费。"②而另一方面，为培养合格的"国民"，平民教育依然受到重视。针对贫困儿童大规模失学的情况，教会学校继续开展各种儿童公益教育活动。于是教会学校发生了分化，既有专收贫民子弟的主日学校，也有教成人识字的平民学校，还有招收富家子弟、千金小姐的贵族学校。但无论教会学校如何变化和分化，有一点是永远不变的，那就是孜孜不倦地通过兴办教育来传播教义、发展教徒。

甘博的镜头，为我们记录了 1918—1919 年间一组教会学校的发展情况。

一、济汴中学红洋楼　开封 1918

1918 年 2 月至 5 月底，甘博随同艾迪布道团从北京南下，访问了 12 个中国城市，其中就包括开封。开封在 1954 年之前是河

---

① 陈学恂主编 . 中国近代教育史教学参考资料（下册）[M]. 北京：人民教育出版社，1987：380.
② 王忠欣 . 基督教与中国近现代教育[M]. 武汉：湖北人民出版社，2000：21.

南的省会，是基督教传入较晚的内地城市。1908年，美国南部基督教浸礼会传教士施爱礼（W. E. Sallee）来到开封，在双龙巷鹁鸽市建立教会，并在第二年开办了一所教会学校，名为"普育学校"，招收初中生两班。1915年学校迁往南关金梁里原华内男女圣经学校旧址，改名为济汴中学。1931年济汴中学校长施爱礼因取消汉语课程，强迫学生信仰基督教和读《圣经》，引发学潮。1933年学校脱离教会，迁至法院街继续办学，抗战期间迁往洛宁。

据1921—1927年在此读书的赵圣城回忆①，济汴中学的学生分为两类，一是教牧人员和信徒的子弟。他们受学校的经济补助，每学期只交16元的膳食费，另交一学期的家具押金2元；二是教外学生。他们是通过招考入学的，每学期要交32元的膳食费和2元的押金，但不用参加任何劳动。学校的课程中英语和《圣经》占据了很大的比重。课外有纯宗教性质的浸会少年团、辩论会和文学会组织的活动。

济汴中学的主楼是一栋融合了西式风格的中国传统单檐庑殿顶的建筑，当地人称之为红洋楼。大楼一共三层，底层作教室，二、三层可作200人的宿舍。这是甘博1918年拍摄的济汴中学红洋楼的照片（126-707）。

---

① 赵圣城. 读书六年的济汴中学［M］//开封文史资料·第10辑. 开封：开封市政协文史资料委员会，1990：186-188.

济汴中学红洋楼　开封 1918　126-707

二、鹤龄英华书院力礼堂　福州 1918

鹤龄英华书院位于福州市仓前山乐群路（今爱国路），建成于
光绪七年（1881 年），由美国传教士麦铿利（R. S. Macclay）倡议建
立，首任校长由美以美会传教士武林吉（Franklin Ohlinger）担任。
建校时福建省南安巨商张鹤龄捐助一万多银元，用以购买有利银行
旧址及其周围场地为校址。为纪念张鹤龄，故而将学校命名为鹤龄

英华学院。

英华书院最初是作为初级大学来办的，学生毕业后可插入美国任何大学的第三学年，但生源很少，1890年第一届毕业生只有陈孟仁一人。1918年福建协和学院成立时，因为学生不够，把英华、格致、三一各个书院的七、八年级学生转去协和学院学习，因而英华书院变为六年制普通中学。1927年改名为福州鹤龄英华中学。

英华书院的经费除了美以美会的支持外，教会人士、校友、社会人士的捐助及学生学杂费也是主要来源。英华中学时期，高中学费每人每学期25元，杂费3元，宿舍费4元。初中学费每人每学期20元，杂费2元，宿舍费3元。新生入学须交入学金10元，逾期另交迟交费2元①。如此高昂的学费，这在当时堪称贵族学校。

英华书院作为教会学校，宗教气氛浓厚。英华书院时期，《圣经》是必修科，考试不合格者不能毕业。学校有基督教青年会，组织学生参加各种宗教活动，如早祷会、晚祷会等，星期天办有主日学校。书院学生必须参加星期天礼拜，否则扣品行分数。圣诞节、复活节也有宗教活动，寒暑假有冬令会和夏令会。英华中学时期，校内设有专门负责宗教活动的宗教部，每日早晚有祈祷会，周三有教职员祈祷会，每周五有宗教演讲会，星期天有主日学校、查经班，还有宗教演讲周、特殊崇拜会、音乐会等活动。

照片50B-530是甘博1918年拍摄的英华小礼堂。它又名力礼堂，是一栋单层砖木结构，由红砖砌筑的哥特式小教堂，由美以美

---

① 福州市政协文史资料委员会. 福州文史集粹·下册[M]. 上海：海潮摄影艺术出版社，2006：471-475.

鹤龄英华书院力礼堂　福州 1918　50B-530

会传教士力为廉（William Henry Lacy）夫妇捐建。钟楼则由部分英华书院的校友捐建。

三、主日学校　杭州 1918

1780 年，英国出版商罗伯特·雷克斯（Robert Raikes）在家乡格洛斯特郡创办了一所专为贫困儿童提供免费教育的学校，因为安排在星期天上课，所以也叫主日学校或星期日学校。这种由宗教慈善机构在星期日为贫困儿童提供免费教育的办学模式，于 19 世纪上半叶传入了我国，并在民国以后得到很大发展。

1926 年，杭州各基督教机构开办的主日学校就有车驾桥、陈氏桥、大塔儿巷正则学校、皮市教堂、鼓楼教堂数处；弘道女校、湖山教堂、太平桥堂数处；天水桥堂、西大街堂、信一男女各校；冯氏女校、慕德堂、志水堂、女青年会、淳佑桥堂、清泰门巷、广济、同春坊、太平坊、清波门、三桥址、望仙桥、并江干、六和塔、湖墅新民社等处①，"查上列各校，其中有分设二三处者，如是核其总数，已有 30 余校。且尚有数处，亦在筹备或进行中，特未得其详情耳。"②

主日学校的目的，是让入学儿童从小接触基督教教义，为成年后信仰基督打下基础，因此它的教学内容和方式，多与传播福音有关，常采用故事、诗歌、图画等儿童喜于接受的形式。此外，亦讲授一些世俗知识，如杭州主日学校"新课本数种，如《开会颁赞》《爱国典礼》《一季故事》等，堪称儿童主日学校之良本，应由协会代言，请各校购用。"③

学习之余，主日学校还开展讲圣经故事比赛等活动，加强儿童对福音的认识。例如"1926 年 2 月 17 日下午，在新民路恩澄堂举行之全杭儿童主日学校圣经故事竞赛会，深蒙上帝视福，得能安全举行，深谢各主日学校踊跃参加，复得之江文理学院李培恩院长、范九定教务长各赠送镜框一家……这许多耶稣所喜悦的小孩子，谁

① 周东华. 民国浙江基督教机构的慈幼公益教育初探[J]. 民国档案，2009(3)：51-57.

② 主日学校会议[J]. 杭州基督教半月刊，1926(14)：1-2.

③ 主日学校会议[J]. 杭州基督教半月刊，1926(14)：1.

也想不到他们是抱着整个的热忱，远的来自 10 余里外的梵村和之江，听说在出发之前，空中正下着靡靡春雨。"①

　　照片 133-748 拍摄的是杭州一所主日学校正在上课的情景。这所学校的学生以儿童为主，既有男童，也有女童，年龄大小不一。课堂形式也不像正规学校那样严谨有序，有姐姐领着弟弟来的，有妇女抱着孩子来的，说笑嬉闹，比较随意。

一所主日学校　杭州 1918　133-748

---

①　全杭儿童主日学圣经故事赛会记[J]．杭联，1935（1）：6-7.

主日学校的孩子们和老师　杭州 1918　47B-495

　　照片 47B-495 是甘博为另一所主日学校的师生拍摄的合影。从照片上看，校舍比较简陋，教室前的操场坑洼不平。这显然是给平民子弟开办的一所男童主日学校，学生的年龄普遍较小，应是以识字教育为主。因为冬天寒冷，有的孩子手里还拎着从家里带来的取暖用的铜火囱。

四、正则学校　杭州 1918

　　前文第七章提到的杭州正则学校，是由美国北长老会开办的一所教会学校。与主日学校不同，它是一所全日制学校，位于杭州城内大塔儿巷 19 号，于 1917 年由皮市巷迁至此地，成为之江文理学院的附属小学。学校发展至鼎盛时期的 1925 年时，曾设有完全小学六个年级、初级中学三个年级，人数达 300 余人。正则学校刚成立时，生源很少，只招到二三十个男孩和女孩。1918 年冬甘博访问了这所学校，拍摄了早期正则学校的一组照片。

照片 168-944 是杭州正则学校的男生与老师在操场上的合影。前面两排年龄较小的孩子席地而坐，后面的围墙上用竹竿支起了一

正则学校的男生　杭州 1918　168-944

个简易的球门。照片左侧丢弃的木箱上印有"Piano"（钢琴）字样，应该是学校买了一架钢琴，给孩子们上音乐课用。虽然条件有限，但可以看出，正则学校对体育课、音乐课都很重视。

照片 168-946 中，6 个小男孩围坐在用两张书桌拼起来的方桌周围，一位年级稍大的女生与他们一同晨读。桌上摆放着几本可能是往届学生用过的快翻烂了的课本，还有几块用滑石笔练习写字的石板。清晨的阳光从窗户斜照进来，照亮了他们年轻、稚嫩的脸庞。

正则学校的学生在晨读　杭州 1918　168-946

五、教育情况统计图　北京 1919

1919 年，北京的教会学校共计 110 所，其中 32 所为中级或高级学校，主要由圣公会、公理会、伦敦教会、卫理公会和长老会开办。各级教会学校学生总数为男生 3789 人（含成年与童年），女生 2118 人（含成年与童年）①。

甘博对灯市口教堂、北堂和美国公理会传教团所属齐化门一所教堂的 325 户家庭（共 1217 人）的教育、婚姻、家庭收入、社会服务等情况进行了调查，其中在教育方面统计出有 10 人曾出国留学，9 岁以上人口中只有 15% 的人不会阅读。文盲最多不超过 33%，男性人口中的文盲比例为 19%，女性为 50%。有 34% 的人参加了教堂开办的礼拜日学校②。情况表明，基督教徒家庭的总体文化素养相对普通家庭较高，这其中就有教会学校的功劳。

这是甘博拍摄的齐化门教堂的信徒家庭接受教育情况的统计图（77B-839）。调查是在两名中国助手陈焕章、梁载治的协助下完成的，北京公理会会员、华北协和语言学校学习中文的传教士、燕京大学的部分学生参与了调查。

---

① ［美］西德尼·D·甘博著；陈愉秉等译 . 北京的社会调查［M］. 北京：中国书店，2010：128.
② ［美］西德尼·D·甘博著；陈愉秉等译 . 北京的社会调查［M］. 北京：中国书店，2010：19.

育

區別	人數
中學生學	四六
學生文讀能詳	一百十三
通曉能不	四九
未	一百二十六

教

區別	每百分之	人數
留學生		十九
大學學生		二一
法律學生		二
神道學生	七	四
師範學生		二
商業學生		四
聖經學生		
其他專門學生		

通曉文學 12%

中學生 8%

高等教育 7%

未詳 27%

能讀 36%

不能讀 10%

E. Burchione

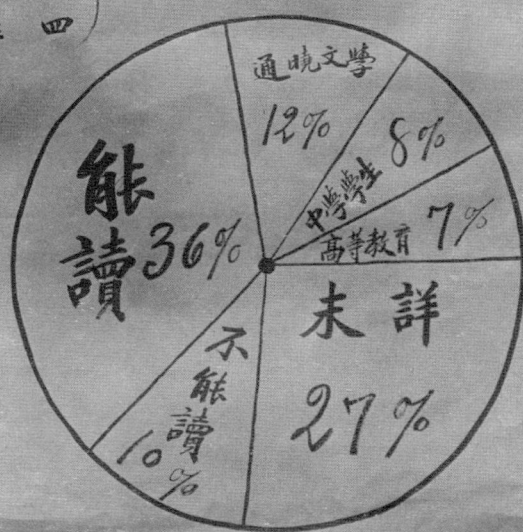

教育情况统计图　北京 1919　77B-839

六、潞河中学卫氏楼　北京通县 1919

　　1867 年，美国基督教公理会传入通州，牧师姜戴德在县城北街教堂内开办男童学塾，时称"八境神学院"。1873 年改称潞河书院。1900 年书院在义和团运动中被毁，教会人员亦有死亡。1901 年，通州知州被迫割让新城南门以西大片土地，给潞河书院建教堂、学校和医院。美国公理会又与长老会、英国伦敦会共同购得相邻的 150 余亩土地，在此建设教学楼、宿舍楼，扩建体育场。1905 年，潞河书院改校名为协和书院，设大学与中斋(中学)两部。

　　1911 年，公理会、长老会、伦敦会三方协商决定，将协和书院改名为华北协和大学，由美国牧师高厚德(Howard S. Galt)担任校长。1919 年，该校大学部与汇文大学合并，成立燕京大学。学校的中斋部仍留通州原址，改称通县私立潞河中学，校长由原育英中学校长美国人田和瑞牧师担任。潞河中学成立伊始，提出了"基督教教育中国化"的口号，《圣经》被列为必修科，同时加强自然科学的教学，并致力于招收商界子弟。

　　1927 年 6 月，首任中国校长陈昌祐就职，他将"人格教育"定为潞河中学的校训，将办学宗旨改为"造成健全人格，培植升学和职业知识"，取消《圣经》课程和有关宗教的教学，加设音乐、美术、劳作和微分、逻辑学等选修课程，并将过去的四年制中学，改为三三制的初、高两级的完全中学。

　　照片 286-1640 为甘博 1919 年拍摄的潞河中学主体建筑之一的卫氏楼(现称人民楼)。这栋砖木结构的两层楼房始建于 1901 年，次年建成，因纪念美国传教士卫三畏（Samuel Wells Williams）而得名。它"长七十多米，有热水供应。一层是三十间学生宿舍，每间约三十平方米，住三个人；二层有实验室、背诵室、阅览室和图书馆，还有一些中国教师的住房；饭厅和厨房在地下室；另外有两座楼阁，一个用作门房，一个用作钟塔。钟塔里挂着一口大钟，用来打背书的钟点，两三英里外也能听到它的声音。"①

潞河中学卫氏楼　北京通县 1919　286-1640

---

①　周宗奇. 雏凤哀鸿孔祥熙［M］. 太原：山西人民出版社，2014：23.

第十章 安身立命的职业教育

中国近代职业教育起源于清末的实业教育。实业教育在英语中写作 Industrial Education，经日本转译为实业教育，是指 19 世纪下半期至 20 世纪初中国为农业、工业、商业、矿业、铁路等物资生产部门培养专门人才的学校或教育的总称，如 1866 年由左宗棠在福州创办的福州船政学堂、1885 年由江南制造局设立的工艺学堂等。1904 年，清廷颁布《钦定学堂章程》。这是我国第一个比较完整并在全国范围内实际推行的学制，标志着我国近代实业教育制度的确立。

民国初年，南京临时政府颁布《学校系统令》，后又陆续颁布《专门学校令》、《实业学校令》及《实业学校规程》，从而形成了一个较为全面、系统的学制，后人统称为"壬子癸丑学制"。该学制从横向把教育分为普通教育、师范教育和实业教育三大系统。实业教育将之前的中等、初等实业学堂改为甲种、乙种实业学校，以传授农工商业必需之知识技能为目的，分为农业、工业、商业、商船、实业补习及女子职业学校等六大类别。高等教育阶段的专门学校以传授高等学术、养成专门人才为宗旨，由教育部管辖，其种类为医学、药学、农业、工业、商业、商船等，又分为预科、本科、研究科三个层次，预科一年、本科二至三年或酌情确定。1911年至1922年的10年间，职业教育学校数量从79所增至713所，增加近9倍。学生人数从9469人增至46936人①。

1917年，中华职业教育社成立。它以倡导、研究和推行职业教育，改革脱离生产劳动、脱离社会生活的传统教育为职责，以"谋个性之发展，为个人谋生之准备，为个人服务社会之准备，为国家及世界增进生产力之准备"为目的，追求"使无业者有业，使有业者乐业"的理想，有力地推动了中国近代职业教育事业的发展。

1922年，民国北洋政府颁布的《学校系统改革法》（时称"壬戌学制"）。该学制的最大变革，是建立了一个从初级到高级的自成体系的职业教育系统，包括：①初等教育阶段多开设职业教育的准备教育；②中等教育阶段初级中学实行普通教育，但可根据地方需要，兼设各种职业科；③中等教育阶段高级中学实行分科，除设普通科外，还可依据地方情形，设立农、工、商、师范、家事等科；④高等教育阶段设置职业学校；⑤大学及专门学校附设职业专修科；⑥补习学校职业科。壬戌学制标志着实业教育过渡到了职业教育阶段。职业教育与实业教育最大的区别在于，它以解决个人生计问题为主旨，注重个人的谋生与发展，关注对象主要是无力就学、急于养家糊口的人。

---

① 教育部年鉴编撰委员会．第二次中国教育年鉴（第14编）［M］．台北：文海出版社，1986：241.

一、模范讲演所半日制学校　北京 1918

民国时期有专门为贫困家庭子弟开办的半日制学校。这些学校半工半读，带有职业教育的性质。如 1915 年，北京市学龄儿童中有三四成男孩没有机会上学，警察厅在全市 20 个管区内，为贫困男孩建立了贫儿半日制学校。至 1919 年，北京共有 53 所这样的学校，大约有 4000 名男孩在其中就读。这些半日制学校的课程类似于初级小学，重点放在修身、阅读、写作、算术和体育，半天学习半天劳动。学校经费一部分来源于京师警察厅，一部分由学校所在地区的富人捐助。

除了警察系统开办的这 53 所半日制学校外，还有一所半日制学校是由模范讲演所于 1917 年开办的。模范讲演所隶属于教育部，成立于 1915 年，地址在南城珠市口西大街，负责以讲演的方式向民众进行社会教育。这所半日制学校设在模范讲演所东面的三间房舍中。每天上午 8：00—11：00 上课，共有 37 名学生。三年制课程包括修身、国文、数学、珠算、读经讲经等。学生们在实业课中，学习制造肥皂、牙粉、墨水、石笔和粉笔等。

这是甘博 1918 年访问这所学校时拍摄的上课情景（215-1201）。男孩们一个个正襟危坐、聚精会神地在听讲。有的因为年龄较小，小脑袋刚刚够露出桌面。

模范讲演所半日制学校的讲堂　北京 1918　215-1201

二、北京财商学校　北京 1918

北京财商学校，全称为北京财政商业专科学校，是由北京基督教青年会于 1914 年创办的，初名为"北京育才商业职业学校"，后易名为"北京财政商业专门学校"及"北平财商学院"。留美归来的中国基督徒费起鹤和北京基督教青年会总干事格林，为学校的创建

财商学校的教师与高年级学生　北京1918　181-1017

做了大量筹备工作。北京财商学校起初的地址设在北京基督教青年会总部内，但随着学生日益增多，原来的楼房已不能满足教学要求，遂于1923年迁至无量大人胡同36号（费起鹤的私产），1928年又迁至位于东城的马大人胡同。

　　北京财商学校的学制为4年，预科和本科各2年，后延为5年（前两年是预科，后三年是本科）。预科重点学习语言，主要是英语，学校非常重视英语的会话、阅读、写作，主要是为了适应西方

财商学校的高年级学生　北京1918　181-1016

经济文化对中国愈来愈深的影响。本科主要学习商业地理、经济学、金融、商业法等贸易与商业方面的课程，以及企业财政学、簿记、会计学、保险等知识。另外作为一所教会学校，各个年级每个学期都会开设圣经课，但所占课时并不是很多。

　　北京基督教青年会为了提高办学水平，为学校配备了业务水平较高的教员。早期这些教员多是普林斯顿大学派遣来中国的毕业生，有卡鲁瑟（Donald W. Carruthers）、帕克（Albert G. Parker）、修迈克（Semuel M. Shoemaker）、杨（Walter S. Young）等人。这些教师与商业学校签有正式合同，工作时间为 2 年。合同中规定了教员的每周最长工时、教员的职责是"全身心地投入和热爱学校的工作"、教员往返美国与北京的路费由财商学校承担，以及教员单方面原因终止合同的解决办法等。后随着财商学校培养出来的毕业生越来越多，他们在出国深造后返回母校任教，这样中国教师就逐渐增多了。

1928 年南京国民政府成立后，要求教会学校在政府立案。1929 年秋，财商学校被迫改组为北平财商学院，且不带有宗教色彩，到 1934 年底正式在教育部立案。1937 年北平沦陷后，财商学院为节约经费，将学校搬迁至米市大街金鱼胡同 280 号(旧址现已拆除)。1940 年被迫中止办学。

三、福建省立甲种农业学校　福州 1918

民国初年，实业学堂改称实业学校。实业学校又分甲种和乙种，甲种实业学校学制 4 年(其中预科 1 年，本科 3 年)；乙种实业学校学制 3 年。据《福州市教育志：308—1989》载，这一时期福建省开办的实业学校有：福建省立茧业学校、福建省立农林学校、福建省立女子职业学校、福建公立工业专门学校、福建省立甲种商业学校，以及福州海军制造学校、福州海军学校、福州海军飞潜学校(1929 年这三所学校合并为福州海军学校)、福州海军艺术学校、

福建省立甲种农业学校　福州 1918　50B-533

南丁格尔护士学校、台江乙种商业学校、福建民生妇女工艺传习所等。

福建省立农林学校创办于 1910 年，初名为福建农业学堂，就在福州市西门外西湖澄澜阁附近，收购菜圃十余亩为校址，先后建筑红砖洋楼两栋，计 19 间，为理化教室及各课堂暨教职员的办公室，后又陆续兴建了学生宿舍。当时新校舍还没有完全竣工，就已经开始招收农科学生共三个班，每班约五六十人。1912 年改称福建省立农林学校，增添森林科学生一班。1914 年改为福建省立甲种农业学校。

1918 年，甘博随艾迪布道团访问福州，期间到一所农业学校进行调查和摄影。照片 50B-533 中的建筑疑为福建省立甲种农业学校的教学楼。大楼前有育苗用的一垄一垄的菜畦，还有用木头搭起来的支架。当时的校长为何缵（字系甫），在他带领下，学校与台湾地区的农业界保持了密切的交流。

四、学徒工学校博物馆　北京 1919

据甘博的《北京的社会调查》，1919 年北京在工业方面的实业教育主要依赖于三所学校：北京工业专门学校、国立北京高等师范学校职工教育专修科和一所学徒工学校。北京工业专门学校的教学目的是培养工程师；北京高等师范学校职工教育专修科主要是培养建筑学、木工技术、铸铁技术、机器原理以及手工训练方面的师资；学徒工学校则训练男孩子们进行木工操作、机器操作和电镀工作，偏重于实际应用和操作。在这三所学校中，学生们除了要了解现代西方工业的发展进程，还要学习使用现代机器。

这张照片（254D-1453）是甘博 1919 年在北京的这所学徒工学校附设的博物馆内拍摄的。照片中的橱柜里、地面上，琳琅满目地摆满了各种工艺品和机器零件。

学徒工学校博物馆　北京 1919　254D-1453

五、高等师范学校职工教育专修科　北京 1919

　　国立北京高等师范学校的前身是清光绪二十八年(1902年)创立的京师大学堂师范馆，民国元年(1912年)改为北京高等师范学校，设预科、本科、补习科、研究科及专修科，陈宝泉任校长。

　　1916年4月，北京高等师范学校呈准教育部附设职工教育专修科，设木工建筑、金工机械、土木建筑三个班。职工教育专修科招生与预科一样，都是以师范学校或中学校毕业，身体健全、品行端正者为合格，由各地方长官保送来校应考，学制二年。学生分公费、自费两种。公费生不收学费，并由本校支给伙食费、制服费、书籍费等。自费生一切费用均须自备。公费生毕业后要在指定地区服务4年，自费生服务期限减半。1922年，职工教育专修科改称工艺系，学制也延长为4年和6年两种形式。

　　木工建筑、金工机械、土木建筑三个班相同的必修科目有：一、教育学科(含伦理学、心理、教育学及教育史、教授法、职业教育、教育行政)、二、数学(含三角、高等代数、解析几何大意、微积分大意等)、三、图画(含用器画、写生画、图案画等)、四、手工(含纸工、竹工、金工、黏土工、石膏工、钣金工等)等课程。另外还可以选修英文、理化、国文、木炭画、油画、石印术、纺织法等课程。

　　此外，木工建筑班还有自己的建筑学必修课程，如房屋装饰、建筑史、建筑设计、防火法、房屋视察包工及估计、工场管理及组

北京高等师范学校木工车间　北京 1919　257-1469

织法、精细房屋设计、精细家具制作、中西房屋模型、雕刻及油漆法等。照片 257-1469 拍摄的是北京高等师范学校职工教育专修科的木工建筑班的同学们在车间里做家具的场景，同学们或锯，或凿，或刨，俨然一个个木工师傅。

　　金工机械班还开设了许多机械学方面的必修课程，如汽管装置、唧水筒、制冰机、工场管理及组织法、机关车及汽停机关、代那模摩托及其附属品、电灯电车发动机、汽机及汽锅设计、发电机设计、精细机械制作、汽车驾驶及修理、发电机及代那模型制作等。照片 257-1466 中，金工机械班的 4 名学生正在车间里探讨机械零件的构造。

　　照片 257-1467 是甘博拍摄的高等师范学校的锻造车间。锻造是将金属材料加热后，放在锻造设备上进行外力加工，使之通过塑性变形而得到所要求的形状和尺寸。从照片上看，设备显得比较简陋。

　　无论是木工、金工，还是土木建筑，绘制图纸都是一项基础的技能。照片 257-1471 中，北京高等师范学校职工教育专修科的同学正在练习制图。

北京高等师范学校发动机和样品车间　北京 1919　257-1466

北京高等师范学校锻造车间　北京 1919　257-1467

北京高等师范学校制图室　北京 1919　257-1471

第十一章　慈善性质的特殊教育

所谓特殊教育，是指专门针对有生理缺陷的残障人士的教育，如盲人、聋哑人等。近代中国特殊教育的开创是跟外国传教士密不可分的。1874 年，苏格兰传教士威廉·穆瑞（William Murray）在北京东城甘雨胡同创办瞽叟同文馆，成为近代中国第一所正规的盲校。这所学校引入西方布莱叶盲文体系，结合《康熙字典》中的音韵，创制了中国第一套中文盲字系统"康熙盲字"（即"瞽目通文"），并招收社会上无家可归的盲童，系统学习文化知识和一些生产技能。1887 年，美国北长老会传教士梅理士（Charles Rogers Mills）夫妇在山东登州（今蓬莱）创办启喑学馆，自编了中国最早的聋哑读本《启喑初阶》。学校招收的聋哑人经过口语、手指语、手势语的知识教学与职业训练，基本能立足于社会。

此后，多个教会组织和热心残疾儿童教育的人士陆续兴办了一些私立特殊教育学校，如 1888 年李修善（David Hill）牧师在湖北汉口创办训盲书院，1890 年甘为霖（William Campbell）在我国台湾地区创办台南训瞽堂，1891 年美籍女医生赖马西（Mary West Niles）在广州创立明心瞽目学校。此外，还有福建古田明心盲院、福州灵光盲童学校，以及 20 世纪初建立的福州明道盲童女校、香港九龙心光盲人院暨学校、奉天瞽目重明女子学校、长沙瞽女学校、上海盲童学校、成都基督教盲哑学校等一批特殊教育学校，也都是由教会创办的。

民国时期，随着特殊教育理念在社会上的普及和推广，盲聋哑学校逐渐被纳入学制改革和体系构建之中。如北洋政府成立之初，即在《教育部公布小学令》中对建立特殊教育学校的条件作了法律性的规定。1915 年 7 月，民国北洋政府颁布的《国民学校令》提出了残疾儿童的义务教育问题。1922 年 11 月北京政府又颁布《教育系统改革令》，对特殊教育的意义、目的和对象都作了比较明确的划分，已经意识到"对精神上或身体上有缺陷者，应施以相应的特种教育"①。1929 年 8 月国民政府颁布的《私立学校规程》，更是把盲聋哑特殊教育列为正规的私立学校之列。

在这样的背景下，民国时期的特殊教育事业也逐渐完成了由西方传教士主办向国人自办的转型。如 1915 年，曾在汉口训盲书院学习过的盲人刘先骥先生在长沙创办湖南导盲学校，开办当年就招收盲童 25 人，并呈国民政府教育厅注册备案，成为近代史上由中国人自己创办的首所规模较大的非基督教会的特殊学校。1916 年，著名实业家张謇在南通狼山脚下创办私立盲哑学校，成为当时著名的特殊教育学校之一。1929 年，畲祖基督徒雷静贞在烟台聋哑学校学习启喑教育后，回到福建古田地区毓菁小学创办特殊班级，招收聋哑孩子接受正规教育，并在此之后独立出来成为古田聋哑学校。1931 年，聋人龚宝荣变卖祖产，在杭州城隍山元宝心创办私立吴山聋哑学校，设普通与美术两科，开设应用文、常识、数学、

---

① 张福娟. 特殊教育史[M]. 上海：华东师范大学出版社，2000：210.

艺术、工艺、体育、簿记等课程。1938 年，罗蜀芳在西南地区创办私立明声聋哑学校，旨在向聋哑儿童施以健全儿童般的教育，以此帮助他们掌握生活所需技能。民国时期还涌现出许多进步人士创办的盲聋哑学校，比如吴燕生于 1923 年创立的辽宁私立聋哑职业学校，何玉麟于 1937 年创立的中华聋哑协会附设战时聋哑学校等。

据 1948 年底出版的《第二次中国教育年鉴》统计，截至 1948 年底，中国共有盲聋哑学校 42 所，其中公立 8 所，国立 1 所。在校学生 2380 人，其中聋哑生 1726 人、盲生 654 人，教职工 360 人①。

一、灵光男童盲校　福州 1918

这是一所由基督教圣公会开办的带有慈善性质的盲人学校。1898 年，澳洲女传教士岳爱美（Amy Oxley）在福建连江租赁房屋创办盲童学校。刚开始时，来就读的只有一个寡妇的孩子。6 星期之后又招来了 6 个盲人。他们年龄最小者只有 4 岁，最大者已是 67 岁的老翁。学校除了读书之外，还教给学生织席的手艺，以便学生掌握一技之长，还可补贴学校经费之不足。1900 年义和团运动兴起，学校随即关门，岳爱美离开连江回国，并乘机募款以备重建。

---

① 中华人民共和国教育部. 共和国教育 50 年［M］. 北京：北京师范大学出版社，1999：415.

1901 年岳爱美回到福州，在外国人聚居的仓前山梅坞路再办盲校，取名为"灵光盲校"，以寄意孩子们通过在教会学校的学习和指引下，可以打开通往心灵的光明通道。1903 年，岳爱美认识了柴井医院的院长乔治·威尔金森（George Wilkinson），并与之结为伉俪。在丈夫的支持下，岳爱美在柴井医院附近之北门对面租得大厦一所，将灵光盲校迁至此地，因此福州灵光盲校亦称柴井盲校，主要招收男盲童。此后，学校进入快速发展期。至 1913 年，在校生达到 78 人。1920 年时，学校设有幼稚园、初级小学、高级小学各部，成为基督教传教士在闽开办的盲校中影响最大的一所。

1918 年，甘博在福州时访问了灵光男童盲校，在校园里拍下了一组共 4 张照片。

照片 49B-526 拍摄的是灵光男童盲校的孩子上文化课的情景。岳爱美在连江办学之前，曾在顺昌遇见在当地传教的牧师库克（Cook）。库克对盲文的中国语言改造特别有兴趣，"欲设法以华音读盲字，故女士极力援助之，译成连江之福州语"①。孩子们通过这种经过当地语音改造的盲文，可以读书识字。

灵光男童盲校的课程设置较为完备，并突出实用性。初级小学开始的课程有初等国语、注音、算术、唱歌、宗教等；高等小学则加设历史、地理、英文、音乐及作文等科目。学校采取半工半读方式，每日工读时间各占一半。盲童学习的手工技艺有编织草席、垫

---

① 上海中华全国基督教协进会．福州盲童学校近况［M］．中华基督教会年鉴，1929—1930（第 11 期）（上）：110-112.

正在上课的盲童　福州 1918　49B-526

子、竹篮等。学生们以海草结席，并创造性地将草席染成各种颜色，扩大了产品的销路。他们制作的工艺品曾于 1910 年参加南京工业展览会，获金质奖章。1912 年又参加巴拿马展览会，亦获得金质奖章，受到国际人士的一致赞扬。照片 49B-524 中的两个男盲童正在编织草席。

　　灵光男童盲校还开设了体育课，让学生学习体操及参与各种有趣的游戏活动。四个男孩欢快地玩起了跷跷板，旁边还有两个男孩在爬杆。照片中左侧穿黑袍戴礼帽者，正是威尔金森夫人——岳爱美女士(照片 49B-527)。

　　值得一提的是，岳爱美女士为了唤起盲人孩子对这个多彩世界

织席子　福州 1918　49B-524

玩跷跷板　福州 1918　49B-527

的想象和感知，还一手组建了盲校铜管乐队，又称军乐队，聘请西方乐师教学。铜管乐队的成员倍加珍惜这来之不易的学习机会，刻苦训练，演奏技巧达到了很高的水准。当时福州的一些官员、富商、洋人的家庭聚会、婚丧嫁娶等场合，都会邀请他们去演出。逐渐地，灵光盲校铜管乐队声名大著。1917年至1919年，乐队曾到厦门、泉州、永春、霞浦、闽清、莆田、古田、仙游等地巡回演出，收入得以补贴学校的日常运转。1921年至1922年，铜管乐队应英国圣公会的邀请访问了伦敦，在英国105个城镇甚至王宫演出，获得高度评价。乐队成员在英国访问期间，还接受技能培训，学习制作皮鞋、钢琴调音、草席染色技术，以便回国后将这些技术传授给更多的盲人学生。照片49B-525中，盲人铜管乐队的鼓手在练习击鼓。

1920年，岳爱美女士回国，由来自澳大利亚的马思（E. A. Mathews）夫人接任，马思夫人之后，学校的校务又由邹特牧师夫妇接管。1929年夏，学校迁入一所原医科大学的西式校舍，设备更加完善，甚至增添了一架盲字印刷机。学校原来的制席部扩建为工艺部，除织席外，还能生产制作游廊的椅子、铅热水壶、棕门帘和废纸篓等。邹特夫妇之后，澳大利亚教会又派柴多马、高景霄等管理学校，办学规模日益扩大，增设特种中学四年（小学六年）。除原有课程外，又加设党义、符号、常识、公民、卫生、社会、日文等科目。开办的学生实习工场已拥有席科、竹科、棕科、信封科、印刷点字五科。学校还建有养鸡场、菜园，力求实现生活自立。1933年2月16日，蒋介石到学校视察，称赞福州灵光男童盲校的办学成绩为全国盲校之冠。

鼓手　福州 1918　49B-525

二、北京第一公共盲人学校　北京 1918—1919

　　位于北京东城甘雨胡同的瞽叟同文馆，至 1914 年累计毕业的盲人总数超过 250 人。1920 年，学校迁往恩济庄，改名"启明瞽目院"，成为北京规模和影响较大的一所盲人学校。据《北京市志稿》记载："迄民国十年，购置现院址（八里庄恩济庄），民国十一年，又添设女校……即设置职科工厂，使男生兼习工作，女生亦有织绒工作，学科则设小学初级班。嗣后工厂渐增藤科、鞋科、木工科。女校亦增设烹饪科、缝纫科，学科亦增高级小学班。此种工厂之设立，系由该院负责筹集资本，使学生本互助之精神，为合作之练习。数年来，学生均能于衣食自给外，尚稍有余资。工厂管理与指导人员，均由学科教职员兼任，不另支薪。"①

　　此外，北京还有一所规模不大但很有特色的盲人学校，这就是汇丰银行北京分行经理希礼尔（E. G. Hillier）先生于 1917 年与他的中外朋友合作创办的盲人学校。这所学校创办之初只有注册学生 14 人，学生不用负担学费，学校甚至提供在校所需的一切费用，资金来自私人捐款及学务局每月提供的 50 元津贴。

　　不久因办学经费困难，希礼尔盲人学校改由模范讲演所办理，正式改名为北京第一公共盲人学校。当时，北京的普通讲演所是由学务局管辖的，而模范讲演所则直属教育部。第一公共盲人学校的

---

　　①　北京市志稿·文教志下（六）[M]．北京：燕山出版社，1998：3-4.

模范讲演所盲人学校的讲堂　北京 1918　215-1200

学生人数限定在 10 人，两年毕业。录取前要对每个学生作详细调查，入学后由校方提供衣食，免交学费。毕业后如愿意学习仍可继续学习。学校的办学经费由模范讲演所支付。

1918 年和 1919 年，甘博先后两次访问了北京第一公共盲人学校。照片 215-1200 是甘博 1918 年拍摄的学校上课的情景。

当时文化课的时间安排在每天上午的 8：00—11：00，主要教学内容包括修身、中国文学、算术等。过去北京的盲人接受说书、唱曲等训练，从未有过一套可供他们阅读的文字系统。本人就是盲人的希礼尔先生以清末王照编的《官话合声字母》为基础，为北京官话创造了一套盲文系统。官话字母由 12 个音标和 50 个字根组成，为实际需要，希礼尔将这套中国盲文使用的字符减至 57 个，并把它们应用到盲文教学中。第一公共盲人学校在希礼尔的办学基础上，继续教授学生盲人点读法。

　　除了上午的文化课外，学校下午还安排有实业课。实业课主要教授学生编制藤器家具、编织手套、围巾、帽子和短袜等生活用品。

　　以下两张照片是甘博 1919 年在北京第一公共盲人学校拍摄的。

盲人学校　　北京 1919　　254C-1447

两个做椅子的学生　北京 1919　254C-1448

照片中的盲童正在师傅的指导下，学习编制藤椅。这种椅子以竹皮为原料，坐着舒适凉爽，是很多家庭夏天乘凉常用的家具。盲童们通过自己的努力学习，掌握一至多门生产技艺，将来能独立于社会。

第十二章　兼济天下的平民教育

　　1911 年帝制废除和民国建立后，民权意识高涨。平民教育思潮与平民文学、平民政治等民主思想相伴而生，在新文化运动中登上历史舞台。陈独秀、李大钊、蒋梦麟等纷纷发表文章，批判封建"贵族主义"的教育方式，主张实现平民化政治和社会的改造，提出"平民"应广泛享有受教育的权利，打破少数人独占教育的特权。

　　发轫于"五四"新文化运动中的平民教育有两个不同的源头：一是在社会主义意识形态影响下，由邓中夏、毛泽东、刘少奇等共产党人举办的面向农民、工人、军人的讲习所和夜校，但很快发展为工农革命的宣传和鼓动方式；二是由晏阳初、陶行知、朱其慧等自由主义知识分子倡导建设的平民教育学校。

　　1923 年，经熊希龄的夫人朱其慧女士（曾在北京开办香山慈幼院）的组织筹备，在北京成立了中华平民教育促进总会（简称平教会），选举全国董事 40 人（每省 2 人），又选举执行董事 9 人，分别是朱其慧、陶行知、张伯苓、蒋梦麟、张训钦、蔡廷干、周作民、陈宝泉、周贻春。执行董事又推朱其慧为董事长，晏阳初为总干事。平教会在全国 20 个省区开设平民学校、平民读书处、平民问字处等，实施平民教育。1926 年后，平教会将工作重心从城市转移至最缺乏教育的农村，在河北定县长期开展乡村教育试验，出现了"博士下乡"的盛况，发展为影响巨大的"乡村建设运动"。1937 年，定县的乡村教育试验终因日寇的侵略而终止。

一、模范讲演所　北京 1919

以开启民智、塑造现代"国民"为己任的平民教育，其前身可追溯到清末的"简易学塾（1895—1911）"和民国初年的"通俗教育（1912—1918）"。1912 年至 1918 年间，仅北京一地，由京师学务局以及与他们有联系的通俗教育界人士（如北京教育会和北京通俗教育会）主持的讲演所，最多时接近 20 所，还有 10 余处定期的庙会或市集演讲地点。通过讲演所向民众传播新思想、新知识，是当时社会教育的主要形式之一。

据甘博的《北京的社会调查》，1915 年时，全国共有讲演所2139 家。当时民国政府规定：在省会必须开设 4 家或 4 家以上的讲演所；在每个县城要开设 2 家或 2 家以上的讲演所；在农村则以各地条件和需要来决定。公共讲演所必须有一位负责人，若干演讲人员，一至两位业务管理人。私人讲演所在开张的一个月内必须向教育部门登记。演讲所的主旨是"教育国民，改良社会"，演讲的内容"五花八门，从如何养鸡或如何抚养孩子到威廉二世与拿破仑之比较。从个人声誉的价值到欧洲战场的方方面面。出于对古代中国人文思想的尊崇，抽象、泛泛的道德伦理和爱国主义说教占据了优势。对欧洲战争、世界大事以及教育、实业、社会改良等内容，也有相当的兴趣，但对大众科学却极其忽略。"①

照片 271-1551 拍摄的是位于南城最繁华的珠市口西大街北京模范讲演所。这家演讲所不像其他普通的讲演所是由学务局管辖，而是直属教育部，因此规模最大，设施也最完善。讲演厅的布置是典型的中式风格，内设 450 个听众座位，平均到场人数为 300 人，

模范讲演所的讲台　北京 1919　271-1551

---

①　[美]西德尼·D·甘博著，陈愉秉等译. 北京的社会调查[M]. 北京：中国书店，2010：150.

讲演时间安排在每晚的 7：00—9：00 进行。讲演前还有唱片音乐会，而讲演后还会放映电影。模范讲演所甚至还有一所小型的图书馆，拥有 823 册图书以及一些杂志、报纸，供讲演者和参观者使用。

据甘博的调查，北京模范讲演所有 6 个固定的演讲员和 5 个巡回演讲员。他们的教育程度高于其他普通讲演所的人员（普通讲演所的演讲者，多是小学或初级师范学校的老师，或是从事社会教育的官员，还有的是知名学者），其中 1 名是政法学校的毕业生，7 人来自保定高等师范学校。教育部每月支给讲演所 700 元津贴。讲演者每次演讲后要求做记录，每月向学务局呈请备案。这些档案经装订后上交教育部，以供审查和参考。

二、甘博、晏阳初与平民教育运动的干事们　北京 1925

晏阳初（1890—1990），四川巴中人，出身于一个私塾教师兼传统中医的家庭，先后就学于四川保宁（今阆中）天道学堂、成都华美高等学校、香港圣保罗书院，1916 年赴美国耶鲁大学留学。1918 年毕业后，受北美基督教青年会的派遣，赴法国布洛涅第一次世界大战战场为华工提供翻译服务。服务期间，晏阳初因给华工代写家信而萌发了教华工识字的念头，于是开办了华工识字班，创办了《华工周报》。1919 年 6 月，晏阳初离法赴美，入普林斯顿大学研究院主修历史。1920 年当选北美基督教中国学生会会长，并获普林斯顿大学硕士学位。

平民教育运动的干事们　北京 1925　535-3098

　　1920 年 8 月，晏阳初回到国内，在上海基督教青年会全国协会智育部主持平民教育工作，编写了《平民千字课》等教材。1922年，晏阳初发起全国识字运动，并在长沙组织平民教育讨论会，成立了湖南省平民教育促进会，筹资建设了 200 所平民学校，招收学员 2500 余人。甚至连毛泽东都曾经作为教员，参与了晏阳初在长沙发起的平民教育运动。为了将平民教育运动推向全国，1923 年晏阳初来到了北京，参与筹组中华平民教育促进总会，并担任总干事。

　　1924 年，甘博第二次来到中国，不久就结识了晏阳初。他对晏阳初全身心投入的事业产生了浓厚的兴趣。而晏阳初则十分看重甘博的社会调查的经验，有意聘请甘博担任平民教育运动促进总会研究部的外籍干事。正当他们准备深入开展合作之际，第二次直奉战争爆发，他们的计划不得不中止。

照片 535-3098 是甘博 1925 年在北京参加平民教育运动促进总会的活动时，与平民教育运动的干事们的合影。前排右一为甘博本人，前排左四为晏阳初。

这是甘博亲手为晏阳初拍下的半身单人照，弥足珍贵。晏阳初时年 35 岁。

晏阳初　北京 1925　535-3099

三、平民教育运动在定县的试验　定县1931

　　平民教育运动的发起者在实践中认识到，中国以农业立国，农村人口占全国人口的百分之八十以上，如果不能解决农民教育问题，中国社会的变革就没有希望。因此，平教会的工作重心逐渐由城市转移到农村，乡村平民教育成为平教会工作中最重要的一部分。

　　1926年晏阳初来到河北定县翟城村考察。定县地处华北平原中心，交通便利，人口稠密，虽是农村却又不远离大城市。早在20世纪初米迪刚（翟城村人）就曾效法日本的新村运动，办自治村，翟城村被评为"模范村"，群众基础较好。晏阳初决定以翟城村为试验区，开展以村为单位的平民教育运动，以便为今后在全国推广平民教育运动提供经验。

　　1929年7月，晏阳初将中华平民教育促进总会机关和全家迁至定县。一批从国外留学回来的著名学者，受晏阳初精神的感召，纷纷脱下西装，换上粗衣布衫，追随晏阳初来到定县平教会就职。这些人都是国内一流的知识分子，如平民文学部主任陈筑山，曾在日本、美国留学11年，时任北京法政专科学校校长；视听教育部主任郑锦，日本留学10年，是国内著名画家；《农民报》主编孙伏园，留学法国，时任北大教授；平民文学部干事瞿菊农，哈佛大学教育学博士，时任北京法政大学教授兼教务长；生计部主任冯锐，康奈尔大学农学博士，岭南大学与东南大学教授；卫生教育部主任陈志潜，哈佛大学医学博士，国内知名的公共卫生专家；城市教育部主任汤茂如，哥伦比亚大学教育学硕士，时任北京法政大学教授；社会调查部主任李景汉，哥伦比亚社会学博士，知名的社会调查专家；乡村工艺部主任刘拓，爱荷华大学博士，时任北京师范大学教授；熊佛西，哈佛大学博士，国立戏剧学校校长，为开展定县农民戏剧运动作出了贡献。

晏阳初举家来到定县后，住在县城内东大街一座四合院的民宅内。这是一栋砖木结构的布瓦硬山式民居，由东、西、南院及西跨院四部分组成。西院青堂瓦房是生活区；东院是锻炼身体、休闲活动的场所，内设小型网球场和羽毛球场；南院西南隅建有卫生间和马厩，有毛驴一头、骏马一匹及木轮车一辆，作为交通和运输工具；西跨院则是厨房和茶炉所在。晏阳初及家人一直住在这里，直到 1937 年日寇大举入侵才离开。照片 631-3689 是甘博 1931 年为晏阳初一家拍摄的全家福。前排左二为晏阳初的夫人许雅丽女士。

平教会"定县试验区办事处"起初设在翟城村，后迁至县城贡院的考棚内。照片 612-3575 拍摄的是平教会"定县试验区办事处"的所在地，屋顶一个醒目的白底黑字的"平"字是平教会的标志。1988 年 4 月，晏阳初在菲律宾国际乡村改造学会研讨会上对这个"平"字的涵义作了解释："第一，咱们都是中国人，都是平等的；第二，大家都应该有平等的机会，一样受教育；第三，社会公平了，天下才会太平。"①

---

① 晏阳初著；宋恩荣主编．晏阳初全集(第 3 卷) [M]．天津：天津教育出版社，2013：616-617.

晏阳初先生和他的家人　定县 1931　631-3689

　　平教会以"除文盲、做新民"为宗旨，以文艺、计生、卫生、公民"四大"教育为手段，学校、社会、家庭"三位一体"，以铲除"愚、贫、弱、私"四大劣根为目标，有计划、有步骤地开展各项工作。首先是乡村社会调查，为此平教会设有专门的统计调查处，聘请哥伦比亚社会学博士李景汉任主任，甘博为外籍干事。调查处经常配有一二十名工作人员，同时吸收来自北平、天津各地参加平民教育试验的大学师生及当地中小学毕业生百余人参与其中。他们奔走于大小村落之间，深入田间地头，用 2 年多时间对定县 472 个村庄的政治、经济、教育、民俗、娱乐、卫生以及农户的土地、职

中华平民教育促进会办事处　定县 1931　612-3575

业、人口、生活状况等进行了全面系统的调查统计，整理出上百万字的调查资料。1933 年，平教会汇总出版了《定县社会概况》，时至今日仍是定县地域最完整、最详尽的调查资料。在此基础上，平教会制定试验方案，拟定教育内容，确定教育方式，表现出高度的科学精神。

照片 631-3688 拍摄的平民教育运动的干事们冬季在乡村作田野调查。右侧老者头戴礼帽，手挎雨伞，风尘仆仆的模样，一看就是走了长道而来的。

晏阳初在翟城村建立育才平民学校，亲任教员，意在培养本乡村的领袖人才。由于平民学校免费教学，农闲和夜晚上课，课本费极其低廉，一个铜板一本，四个铜板就可学完千字课文，所以颇受贫穷农民的欢迎。据参加过"定县试验"的著名医学专家陈志潜先生回忆：一间长不过两丈、宽不过 10 尺的土房内，挂着一盏破烂的煤油灯，二三十个青年，三五成群，或坐或立。房门对面有位年纪较长的男子，手持一根竹棍，在高声读字，一群青年都仰着头，听得出神。外面虽然寒气透骨，却冻不散这些充满热望的青年。虽有举手提问的，也是秩序井然，毫不杂乱①。

照片 638-3728 是甘博拍摄的平民学校当年使用的教室。教室门口上方也有一个"平"字，左侧写的是"除文盲"，右侧写的是"做新民"，题写的正是平教会的宗旨。

---

① 燕锐，贾旭红."平民教育家"晏阳初：一个不能忘却的名字［EB/OL］.［2015-10-28］. http：//report. hebei. com. cn/system/2015/10/28/016306352. shtml.

平民教育运动的干事们　定县 1931　631-3688

平教会平民学校的教室　定县 1931　638-3728

平民学校的教学内容包括文艺教育（识字、习字、注音符号）；公民教育（公民、卫生、阅报、周会）；技能教育（珠算、写字、记账、农艺）；休闲教育（唱歌、游戏、体操、运动）。初级平民学校以文艺为主，其他三种为辅；高级平民学校侧重技能。平民学校使用的平教会自己编印的教材，如《农民千字课》4 册、《高级平校读本》4 种、城市《平民千字课》和《士兵千字课》教材，还编制了通用字表（3420 字）、基本字表（1320 字）和字典《平民字汇》，以及育才学校讲义、平民文艺、平民文件、三民主义浅说、公民常识、村治大纲、算术、珠算、地理、历史、生理卫生、家政常识以及农民报和其他宣传品，力求通俗易懂，实用性强。

在翟城村的示范效应下，定县其他各村也纷纷建立自己的平民学校。从 1926 年 10 月至 1930 年 6 月，平教会在 3 年多的时间里共开办了初级、高级平民学校 423 所，招收学生 10156 人，其中女生 1011 名，约占 10%。开办高级实验学校、儿童班、男女育才学校共 26 班，学生 821 人。学生年龄最小者 11 岁，最长者 48 岁，平均年龄 19 岁，多数为青年人①。下面这张照片（Russia 0040）是甘博拍摄的女子平民学校上课的情景。教室上方悬挂的白色小旗帜印有的"平"字，清楚地表明这所学校是平教会开办的。学生一律是女生，留着长辫子。老师正在教她们学习注音符号。

随着定县平民识字的人越来越多，平教会便组织他们每天编墙报，后来发行《农民周报》，采集选编了秧歌、鼓词、歌谣、歇后

---

① 范荫棠，安岚．民国时期的定县平民教育[J]．河北师范大学学报，1991（2）：91-98.

语等民间读物，组织农民自编自演反映农村生活的戏剧。2015 年，当时 84 岁的翟村村民韩砚科仍能唱上几句："穿的粗布衣，吃的家常饭，腰里掖着旱烟袋，头戴草帽圈，手拿农作具，日在田野间，受些劳苦风寒，功德高大如天……。"①

按照晏阳初的设想，平教会不仅要教育平民识字读书，还要在农村普及农业技术、科学知识和医疗卫生知识。他为定县农民带去了棉花、大豆、谷子、大白菜、花生等良种，还帮助引进"波斯猪"、"来航鸡"，以改良当地养殖业。照片 638-3730 中，在一个院子当中的露天教室里，大白菜被摆上了讲台，平教会的老师正在给农民们讲授大白菜的科学种植方法，学员们一个个听得聚精会神。

平教会在进入定县之前，那里的环境肮脏，妇婴卫生状况恶劣，各种传染病流行，全县无一所合格的医院，有千分之三十的人因缺乏医药而死亡。经过对 26 口饮用水井的抽样化验，证明肠胃传染病以此作为重要的传入渠道，平教会决定首先指导居民改良饮用水井的构筑，增加井盖及围圈，并按时撒放消毒药剂。同时在平民学校毕业生中选取人员加以训练，依靠学员在当地的宣传，为定县居民接种牛痘。在预防重于治疗的思想指导下，平教会在定县建立了三级保健制，县有保健院，区设保健所，村有保健员。照片 639-3734 中，平民学校的学员围聚在一起，多数手里拿着卫生方面的教材，按照书里的配方，正在做配制消毒药剂的实验。

---

① 燕锐，贾旭红."平民教育家"晏阳初：一个不能忘却的名字［EB/OL］.［2015-10-28］. http：//report. hebei. com. cn/system/2015/10/28/016306352. shtml.

平教会女校的学生们专注听讲　定县 1931　Russia-40[①]

院中教室　定县 1931　638-3730

---

① 甘博在底片中将这张照片误放在俄罗斯(Russia)那组照片中了。

做实验　定县 1931　639-3734

　　晏阳初在定县平民教育的试验，由扫盲识字到四大教育（文艺教育、生计教育、卫生教育和公民教育）、三大方式（学校、社会和家庭）、四大建设（文化建设、经济建设、卫生建设和政权建设），形成了一套教育理论，声名远播到国内外。1930 年至 1937年"七七事变"前夕，前往参观者络绎不绝。受晏阳初的影响，陶行知在南京晓庄，梁漱溟在山东邹平，卢作孚在重庆北碚，也先后开展了平民教育和乡村建设运动。

第十三章　异彩纷呈的大学建筑

人们常说，建筑是凝固的音乐。造型优美的建筑能带给人们精神上的愉悦和享受。的确，每一座建筑都是一个故事，每一座建筑就是一段历史。无论是中西合璧，还是纯粹的中式或者西式，民国时期的大学建筑不仅设计风格独特，还承载着历史和记忆的温度。甘博深谙这一点，因此他每到一所大学，都会用相机将校园建筑记录下来，让今天的我们有机会重温那段历史和记忆。

一、之江大学　杭州 1918

之江大学是基督教北美长老会和南美长老会在杭州联合创办的一所大学，其前身为杭州育英书院（Hangchow Presbyterian College），1914 年改名为之江大学（Hangchow Christian College）。1908 年，甘博随父母应费佩德（Robert Fitch）之邀访问了这里，那时钱塘江畔的之江学堂新址还是一片荒地。甘博的父母决定捐资 7500 美金，用于建造一幢学生宿舍，这就是后来的东斋，也叫甘博堂（Gamble Hall）。

1918 年甘博再次访问杭州，参观了之江大学，并在父母出资建造的甘博堂前留影作为纪念。甘博堂门拱上的"Gamble Hall"字样今已不存。

登上钱塘江畔月轮山上的六和塔，从塔上俯瞰之江大学全景，慎思堂、东斋、西斋、灰房、上红房、下红房，高低错落，与水畔山势融为一体，甘博迅速按下快门，拍下了这张远景图。透过这张照片，我们依稀还能听见六和塔上的风铃在清风中发出的叮当声，在悄然逝去的岁月里留下千古绝响。

慎思堂竣工于 1911 年 2 月，位于之江大学钟楼北面，是由美国俄亥俄州克利夫兰市的赛佛伦斯先生捐资建造的，因此也叫赛佛伦斯堂(Severance Hall)。这座建筑用红砖砌成，屋顶原有东方式的两层飞檐角，后修复成简洁的四坡顶；下面有点缀式的圆拱型窗户；底层是多立克石柱的门厅。中段南立面有女儿墙，上升约一米，中间高而突起，采用巴洛克曲线形式，且檐口有多层线脚装饰，上题"慎思堂"三字。1912 年 12 月，刚辞去临时大总统职务的孙中山先生以全国铁路督办的身份考察了之江学堂，并与全校师生在慎思堂前合影。

照片 47B-498 拍摄的是之江大学慎思堂的正门。当时正逢之江大学在此为 1918 届毕业生举行毕业典礼，大门用树枝装饰了起来，门厅的阳台上插上了两面五色国旗①。有意思的是，大门上方的英

---

① 中华民国启用的第一面法定国旗是五色旗，红、黄、蓝、白、黑五色分别表示汉、满、蒙、回、藏五族共和。也有说五色旗取自凤凰五色，分别代表仁、义、礼、智、信五德。1928 年 12 月底，国民政府北伐胜利后以青天白日满地红旗帜取代五色旗。

甘博站在甘博堂门口　杭州 1918　47B-499

从六和塔俯瞰之江大学 杭州 1918 139-785

文标语写着"Success to the Graduates",而门厅的柱子上挂了内外相套的两副中国传统对联。里面的对联其上联为"不敢荒宁好问则裕",下联为"无时懈怠厥修乃来",横批"时雨化之"。外面的对联其上联为"一登龙门声价十倍",下联为"高翔凤羽翱翔四方",横批"恭贺毕业"。表达了学校对即将走上社会的毕业生的殷殷期盼和良好祝福。

毕业典礼入口（之江大学的主楼慎思堂） 杭州 1918 47B-498

二、岭南学堂 广州 1918

岭南学堂前身为格致书院，由美国基督教长老会于 1888 年在广州创办。1900 年因慑于义和团运动的威名迁往澳门，更名为岭南学堂。1904 年迁回广州康乐村，1927 年易名为岭南大学。1918 年，甘博南下访问广州，在岭南学堂拍下了一组校园建筑的照片。

格兰堂（Grant Hall）（144-811），又称大钟楼，由纽约商人肯尼迪先生之妻约翰·肯尼迪夫人（Mrs. John S. Kennedy）捐建，楼顶

岭南学堂格兰堂　广州 1918　144-811

报时大钟则由美国人高利士（J. Ackerman Coles）先生捐赠。此楼取名是按捐赠人的意愿，以岭南学堂前身格致书院纽约董事局书记兼司库格兰先生（William Henry Grant）的名字命名，以铭记格兰先生义务为校宣传及筹募经费之功。格兰堂落成于 1916 年 6 月，一共是三层（20 世纪 60 年代初加盖了一层），拱廊环绕，砖柱精致，气度非凡。格兰堂起初为学校事务所，二楼东面曾设为图书馆。中山大学迁入康乐园后，格兰堂曾用作学校行政楼。

怀士堂（144-812），由美国商人安布雷·史怀士先生（Ambrose Swasey）捐建，建筑师埃德蒙兹（Jas R. Edmunds Jr.）设计，落成于

1917年。整座建筑共三进，东西对称，前后错落，红墙绿瓦，中西合璧风格。前部正中三间为高两层的门廊，西侧塔楼高三层，设地下室，屋顶为露台。两侧塔楼盖琉璃瓦两坡屋顶，红墙外墙间以传统翠绿通花砖装饰，原灰砖砌十字图案，现改为菱形图案。首层大门台阶两侧原各有石灯柱一根，上刻"怀士堂"中英文字样，后被拆除。中部高两层，与后部连成演讲大厅。后部外观呈等边五边形，斜面琉璃屋顶开三个八边形塔式气窗。

怀士堂起初用作岭南大学基督教青年会会所，内设会友阅览室、游戏室、董事会议室、职员办事室，并兼做礼堂之用，可容纳800人。1923年12月21日，孙中山先生偕夫人宋庆龄到岭南大学视察，在怀士堂作长篇演讲，希望学生担负起建设国家的责任，"诸君立志，是要做大事，不可要做大官"。1927年3月29日黄花节，岭南大学全体学生齐聚怀士堂纪念黄花岗烈士，鲁迅先生应邀在纪念大会上作了演讲。1952年院系调整，岭南大学等校与中山大学合并，怀士堂成为中山大学的小礼堂。

岭南大学的校园建筑是岭南风格与西洋建筑艺术结合的杰出代表，明显具有中式建筑的韵味，又带有西式建筑的符号，或红墙绿瓦白线条，或黄墙红柱蓝屋脊，古朴风雅。以甘博拍摄的这栋宿舍楼①（见照片145-813）为例，它采用了中式屋顶和西式墙身，左右

---

① 网上有资料将这张照片标记为"黑石屋"。黑石屋是由美国芝加哥伊沙贝·布勒斯顿（Black Stone）夫人出资为时任岭南学堂教务长钟荣光先生（1927年任岭南大学首任校长）修建的寓所，1914年动工，现作中山大学贵宾接待室。笔者托中山大学的朋友以照片对照实物，发现两者外观殊异，应不是同一建筑。

岭南学堂怀士堂　广州 1918　144-812

岭南学堂宿舍楼　广州 1918　145-813

对称，线条简洁，斗拱飞檐是中国特有的建筑形式，而半圆拱形、弧形门窗是西式建筑的特点。

三、齐鲁大学　济南 1919

齐鲁大学的前身可以追溯到 1864 年的登州蒙养学堂。20 世纪初英国浸礼会和北美长老会将各自在山东所办的医校和医道学堂合并，改称济南共合医道学堂。1911 年，教会将"医道学堂"的资源重新整合，在济南新选校址建筑校舍及医院，更名为山东基督教共合大学。1917 年正式改名为齐鲁大学，成为山东医科大学（2000 年并入山东大学）的前身。

柏根楼（69B-743），是齐鲁大学两栋（另一栋为考文楼）典型的中西合璧的建筑物之一，建成于 1917 年，为纪念齐鲁大学的创始人之一的美国北长老会教士柏尔根（Pall D. Bergen）而得名。建成后用作化学大楼，今为山东大学医学院教学楼。此楼坐南面北，主体三层建筑，东西两端为单层，矩形平面。北面设两个主入口，南面设两个次入口，内走廊，双面布置教室、实验室和办公室等各种教室。门窗的装饰是将中国传统建筑中的"和玺彩画"简化、概括，用作建筑所有长条形石窗楣的装饰纹样。南北入口处都作了带有石制立柱的装饰，比例的推敲、细部的作法都很得体。为了打破清水砖墙的单调感，在屋檐下的墙体和窗下墙上嵌有中国传统的"圆

齐鲁大学柏根楼　济南 1919　69B-743

寿"字的装饰纹样①。山墙头的墀头的处理和雕刻，很有济南传统民居的风韵。

　　新兴楼（69B-744）始建于 1909 年，1911 年落成，时称济南共合医道学堂医学大讲堂，后成为齐鲁大学医学院主楼，今为山东大学齐鲁医院第二办公楼②。这栋建筑分东翼楼、中楼、西翼楼三个部分。甘博拍摄的是中间三层楼的主体部分，内设会计室、教室，还有可容纳百余人的大会堂，有足够大的设有阶梯形座位的手术室，

---

① 张润武，薛立[M]．图说济南老建筑（近代卷）[M]．济南：济南出版社，2007：229．

② 张润武，薛立[M]．图说济南老建筑（近代卷）[M]．济南：济南出版社，2007：271-272．

新兴楼(医学院大楼)　济南 1919　69B-744

以及组织学、药理学、生理学、病理学和临床等各类实验室。一层
还有部分高级病房。科长办公室、编译部、图书室也设在新兴楼内。
楼下有地下室，是 1911 年第一期所建。平面的南面平整，北面东西
两端都向北突出，呈"凹"字形。东西两端的翼楼平面基本上是正方
形，都是带有全石砌筑地下室的两层楼房，都是后期增建的。

四、清华学校　北京 1919

清华学堂的前身游美肄业馆，是清廷利用美国退还庚子赔款的

一部分建立的，专为培养赴美留学人才。1909 年清政府成立游美学务处，同时着手筹设游美肄业馆。1910 年 11 月，游美学务处向外交部、学部提出改革游美肄业馆办法，呈请将游美肄业馆改名为"清华学堂"，校址设在清华园。1912 年，清华学堂更名为清华学校。

清华学校的主楼清华学堂(72B-776A)是一座八角形白色的两层德式建筑，顶部红瓦起脊，正门有白色大理石柱子，门上镌刻"清华学堂"四个楷书黑字，为清末兼管学部和外务部的军机大臣那桐的手书。整个大楼分西部、东部两期建成。西部建于 1909 至 1911 年间，后成为高等科学生的教室；东部扩建于 1916 年，后用作高等科毕业班的学生宿舍。据说当年清华学堂的宿舍十分奢华，在 20 世纪初的中国，就装备了整套的西方设备，打蜡的地板隐隐发着光，冬天里室内的暖炉与室外的寒冷隔成了两个世界。

周诒春继唐国安担任清华学堂校长后，在任期内(1913 年 8 月至 1918 年 1 月)积极筹备改办大学，建造了一批适应现代大学需要的高标准建筑。清华著名的"四大建筑"—— 大礼堂、图书馆、科学馆、体育馆均始建于周诒春任内。1919 年，甘博访问清华学校时，拍下了其中的大礼堂(在建)、科学馆和体育馆。

清华大礼堂(72B-776)是仿照美国弗吉尼亚大学图书馆设计的、出自美国建筑师亨利·墨菲(Henry K. Murphy)和达纳(R. H. Dana)之手，是一座融罗马和希腊风格于一体的混合古典柱廊式建筑，始建于 1917 年 9 月，1920 年落成。甘博到访时，这座礼

清华学堂主楼　北京 1919　72B-776A

清华大礼堂　北京 1919　72B-776

堂还在建设之中，脚手架下工人们正在紧张地忙着廊柱的雕饰工作。

清华科学馆(72B-777)位于大礼堂西南，建于 1917 年 4 月至 1919 年 9 月间，设计者也是亨利·墨菲，包工者为"公顺记"。大楼高三层，框架结构，外墙红砖砌筑，中部设主入口，门额上有铁铸中文"科学"和英文"SEIENCE BVILDING"①字样。建馆之初，

清华科学馆　北京 1919　72B-777

---

① 19 世纪之前，英文中的 U 和 V 经常是可以互换使用的。作为历史见证，门额上的这一拼法在后来的修缮中被完整地保留了下来。

这里是理科教学和实验的场所，辟有设备齐全的大小教室和声光热力电全套的物理实验设备，以及测量、生物、化学实验设备。甘博到访时，大楼刚完成主体建筑的施工，还没来得及装修，大楼的门窗都没有装上。

清华体育馆（72B-778），原名罗斯福体育馆，建成于1919年。由前馆、游泳馆和后馆组成的建筑主体及附属建筑均由红砖砌筑，双坡屋顶，在平面上呈东西向的"工"字形。主立面东向，面对西大操场，中轴对称，三段式划分，设柱廊或拱廊，强调比例关系。石板瓦坡屋顶，砌出线脚的红砖清水墙身，花岗石勒脚台阶，整体造型端庄素雅。

清华（西）体育馆　北京1919　72B-778

五、协和医学院　北京 1919

　　协和医学院又称罗氏驻华医院，旧址是清朝豫王府所在地。1916 年，美国石油大亨洛克菲勒购得此地，拆除了王府的原有建筑，邀请国外设计师重新设计，修造了中西合璧的协和医学院及附属医院。

　　新校舍工程分两期进行：第一期修建时间为 1919—1921 年，由沙特客与赫西（Shattuck & Hussey）建筑事务所设计，一共是 16 栋独立的楼房，其中 14 栋为中国传统风格建筑，2 栋为西洋风格建筑，编号依次从"A"至"N"，包括礼堂、教学楼、病房、宿舍、仓库等。除 A 号楼礼堂外，其余各栋均由汉白玉栏杆的连廊相连接。每楼多为三到五层，均为砖木结构，外观仿清代官式宫殿建筑，外墙以青砖砌成，屋顶覆绿色琉璃瓦，有兽吻和脊饰。1921 年 9 月举行了新校舍开幕式。第二期由建筑师安纳尔（C. W. Anner）设计，1925 年建成"O"和"P"号楼，并对其他建筑进行了改建。

　　甘博 1919 年到此，楼前广场和楼间汉白玉栏杆的连廊还没有做起来，还是一派建筑工地的景象（见照片 309-1765）。这时，他看见几个工匠正在给大楼的房梁做彩绘装饰，赶紧拿出相机，拍下了这幅珍贵的工匠施工画面。令人惊奇的是，都已经民国八年（1919 年）了，其中一个匠人还拖着长辫（见照片 309-1768）。

协和医学院大楼　北京 1919　309-1765

房梁彩绘　北京 1919　309-1768

六、金陵大学　南京 1919—1924

　　金陵大学是由美国基督教会美以美会在南京创办的一所教会大学，肇始于 1888 年创办的汇文书院。1910 年 2 月与宏育书院合并为金陵大学堂，1915 年随京师大学校改名为金陵大学校。1916 年至 1921 年间，第一批新校舍建成，金陵大学师生陆续由汇文书院原址迁入。此后又陆续兴建了一批校舍，至 1926 年已形成了一定的规模。

　　金陵大学的建筑布局与当时美国大学校园的特点相似，主要建筑均沿南北向的一条主轴线布局，在建筑物之间安排几何规则式的绿地、广场，但每幢建筑又有着鲜明的中国传统的特色。据冷天、赵辰《原金陵大学老校园建筑考》[①]可知，金陵大学的旧建筑设计者均为帕金斯事务所，设计时间集中在 1914—1917 年，落成年代以东大楼为最早，大礼堂及北大楼次之，西大楼落成时间最晚。

　　金陵大学科学馆（299-1713），后改为理学院（今南京大学东大楼），建于 1917 年。主体五层（含屋顶楼层和地下室）砖木结构，大楼设计采用中国北方传统建筑形式，歇山式大屋顶，烟色粘土筒瓦屋面，屋顶脊中加脊，中部高耸。外墙采用青砖砌筑，青灰勾缝。立面中部大门建有突出门套，平面为矩形，内廊式布局。

---

　　① 冷天，赵辰. 原金陵大学老校园建筑考［J］. 东南文化，2003（3）：53-58.

金陵大学科学馆(东大楼)　南京 1919　299-1713

陶园北楼①（299-1709），约建成于 1919 年，原是金陵大学同学会、文化研究所、农经系和教职工宿舍的所在地。这栋建筑外观采用传统宫殿式的大屋顶，现代式墙面，墙基使用明城墙砖砌筑。可惜这栋大楼于 1998 年被拆除。

金陵大学陶园北楼　南京 1919　299-1709

---

① 陶园即小桃园，据说明永乐时，这里是朱太史的别墅，周围遍植桃花，故称小桃园。清末为俞姓贵族所得，后由金陵大学购得，在此地筑南北二楼。

金陵大学行政楼（362-2070），后改为文学院（今南京大学北大楼），坐落在校园中轴线的最北端。这栋楼始建于 1917 年，1919 年竣工。大楼地上两层，地下一层，砖木结构。按中国传统建筑形式设计，歇山式大屋顶，灰瓦屋面。南立面中部建有一座五层高的正方形塔楼，将大楼分隔成对称的东西两半。塔楼顶部从上往下看呈十字形，是西洋式钟楼的变体。外墙全部用明代城砖砌筑，清水勾缝。该楼现为南京大学鼓楼校区行政楼，是南京大学的标志性建筑。

金陵大学行政楼（北大楼）　南京 1924　362-2070

礼拜堂（362-2072），坐落在西大楼的南面，由美国芝加哥帕金斯建筑事务所（Perkins & Fellows, Architects）设计，陈明记营造厂建造，1918年竣工。该楼建筑造型模仿中国古代的庙宇，地上两层，砖木结构，屋顶主跨为歇山式，附跨为硬山式，筒瓦屋面。外墙全部由明代城墙砖砌筑，砖面上留有打造印记。设计者试图让中国人在自己熟悉的传统空间接受完全不同的西方基督教教育，可谓煞费苦心。此楼现为南京大学的大礼堂。

金陵大学礼拜堂　南京 1924　362-2072

七、燕京大学　北京 1925—1932

　　1919 年，曾在南京金陵神学院任教的司徒雷登担任新成立的燕京大学校长。1921 年，司徒雷登募得美国商人亨利·卢斯（Henry R. Luce）及美铝公司创办人查尔斯·霍尔（Charles M. Hall）的捐款，购买了北京西郊数处前清亲王赐园，聘请建筑师亨利·墨菲进行规划设计，建造了一批规模宏大、艺术精美的校园建筑，堪称教会大学中西合璧式建筑的最高典范。1926 年，燕京大学正式迁入新校园，当时设有神学院、法学院、医学院及文科、理科的一批相关专业学系。

　　燕京大学的"东西轴线以玉泉山塔为对景，从校友门经石拱桥、华表（取自圆明园废墟），方院两侧是九开间的庑殿顶建筑穆楼和民主楼，正面是歇山顶的贝公楼（原为施德楼），两侧是宗教楼和图书馆，沿中轴线继续向东，一直到未名湖中的思义亭，湖畔还有博雅塔、临湖轩。东部以未名湖为界，分为北部的男院和南部的女院。男院包括德、才、均、备四幢男生宿舍以及华氏体育馆。女院沿一条南北轴线，分布适楼、南北阁、女生宿舍和鲍氏体育馆。"①

　　照片 650-3799 中的建筑群应该就是燕京大学"德、才、均、

<hr/>

　　①　林湛. 学校形象识别系统的研究[M]. 厦门：厦门大学出版社，2015：64.

备"四幢男生宿舍楼及华氏体育馆。

照片651-3806中的建筑是燕京大学的主楼（行政楼）贝公楼，之前叫施德楼，1931年被燕京大学校楼命名委员会正式定名为贝公楼，以纪念汇文大学的第二任校长贝施德（一译贝施福）先生。贝公楼正门屋檐下挂有一块匾额，上书"贝公楼"三个大字。贝公楼具有中国传统建筑的特征，如红柱绿窗、飞檐斗拱，以木料为主要材料。建筑技法采用的是典型的"梁柱式"构架，以斗拱为建筑结构之关键。

贝公楼前摆放的一对华表、一尊石麒麟，以及正门台阶中间嵌入的丹墀，都是圆明园安佑宫的遗物。麒麟由整块石料雕刻而成，刻工细腻，体态逼真，线条、纹样至今仍十分清晰流畅，高约一米的须弥座上刻着各种吉祥的纹样（见照片651-3804）。甘博把中国特有的吉祥物麒麟当成了狮子，误标为"Lion"。

燕京大学女子学院的甘德阁与麦风阁（今南阁和北阁），又称姊妹阁，是一对造型一样的重檐四角尖顶楼阁，它们与适楼（Sage Hall，俄文楼）呈品字形布局（见487-2810）。这张照片从编号顺序来看摄于1925年，20世纪20年代中期甘博曾在燕京大学社会学系短暂任教，说明甘博在燕京大学的师生1926年迁入新校址之前就来过这里。

甘博第三次返回中国之前，被推选为"普林斯顿-燕京基金会"主席，负责基金会的日常事务，并分管燕京大学社会学系的财务预算，1932年再来燕京大学校园，不过是故地重游罢了。

燕京大学建筑群　北京 1932　650-3799

燕京大学贝公楼　北京 1932　651-3806

贝公楼前的麒麟　北京 1932　651-3804

燕京大学女子学院的南北阁　北京 1925　487-2810

第十四章　风起云涌的学生运动

　　甘博旅居中国期间，亲眼目睹了近代中国发生的许多重大历史事件，如四川军阀混战、华北的天津大水灾、第一次世界大战结束后民国政府举行的和平庆典、"五四"运动、孙中山葬礼、"五卅"惨案及"九·一八"事变引发的全民爱国运动等，并用相机记录下了许多珍贵的历史瞬间。而在各种爱国运动中，活跃着许多青少年学生的身影。因为这些学生对国家前途命运的关注，对社会活动的积极参与，使得各种学生运动成为反映民国教育整体状况不可或缺的一部分。

一、和平庆典　北京 1918

　　中国在第一次世界大战初宣布中立，后于 1917 年 8 月 14 日对德宣战，加入了协约国，并派出约 14 万劳工到欧洲战场服役。1918 年 11 月 11 日，第一次世界大战以协约国的胜利宣告结束，中国成了战胜国。消息传来，人们欣喜若狂，奔走相告，并将象征耻辱的克林德碑改名为"公理战胜"碑。民国北洋政府决定将 11 月

14 日至 16 日、28 日至 30 日作为庆祝胜利活动日，并决定 11 月 28 日在总统府前举办"和平庆典"，在故宫太和殿举行阅兵式，鸣礼炮 108 响。

11 月 13 日，中华门前搭起彩牌楼，午门、太和门前悬挂起巨幅五色旗。当天上午，外交总长陆徵祥、参议院院长梁士诒，以及辞职不久的段祺瑞与各国公使前往北京西什库教堂参加庆祝活动。11 月 14 日至 16 日北京市学校放假三天。14 日，北京大中小学校 3 万多名学生在天安门前集会，北京大学校长蔡元培发表了激情的演讲，学生们群情激昂，游行欢庆胜利。11 月 16 日，大总统徐世昌在《政府公报》中称："我协商国士兵人民，不惮躬冒艰险，卒以公理战胜强权而获此最后之胜利。吾国力排众难，加入战团，与兹盛举，是堪欣幸。"①接下来的几天里，北京城的欢乐气氛达到高潮，街上到处旌旗招展，鼓乐喧天，东交民巷及天安门附近游人拥挤不堪。

11 月 14 日，甘博在北京街头拍摄了一组学生和平游行的照片。编号 212-1184 上走在队伍最前排的 4 名号手引起了甘博的注意，他特意在底片上标注了英文"Buglers"的字样。

北京警察学校的学生也走上了街头（212-1182）。走在队伍前面的三名学生，左右各打一面五色旗，中间的旗手高举该校大旗。

---

① 中宣部党建杂志社，红旗出版社编辑部．信仰的力量：精神卷［M］．北京：红旗出版社，2011：289．

学生和平游行队伍前的号手　北京 1918 年 11 月 14 日

212-1184

北京警察学校的学生参加游行　北京 1918 年 11 月 14 日

212-1182

北京基督教青年会的学生们也在 11 月 14 日举行了和平集会（212-1178）。他们手里高举的标语上写着"世界大同"、"为世界造和平，为人类谋幸福"、"THE WORLD MUST BE MADE SAFE FOR DEMOCRACY"、"公理战胜"、"当仁不让"、" Militarism Must Go!"等口号，引来了北京市民和人力车夫的围观。

　　为了庆祝胜利，女学生也走上了街头，参加和平游行（211-1177）。

基督教青年会的标语　北京 1918 年　212-1178

基督教青年会学生打着标语游行　北京 1918 年 11 月 14 日
212-1179

女学生游行　北京 1918　211-1177

二、"五四"运动　北京1919

1918年1月18日，中国人热切盼望的战后世界和平会议在法国巴黎凡尔赛宫召开。作为战胜国之一，中国派出了外交总长陆徵祥及王正廷、顾维钧、施肇基、魏宸组等人组成的代表团参加了巴黎和会。中国代表团向和会提出了七项"希望条件"：

一、取消列强在华势力范围；

二、撤走外国军队和巡警；

三、裁撤外国邮政及电报机关；

四、废除领事裁判权；

五、归还租借地；

六、归还租界；

七、关税自主。

后在中国留欧学生团体的强烈要求下，不久又提出废除"二十一条"。但由于列强在华均拥有特权和利益，因此以上提案一提出，立即遭到和会最高会议的拒绝。于是唯一的希望，就只有解决山东问题了。1月27日，和会开始讨论山东问题。日本政府代表牧野宣读了事先准备好的声明，宣称日本有权继承德国在山东的一切权益。4月30日，以美、英、法为首的三巨头，为了各自的利益，秘密决定将德国在山东的权益转交给日本。

消息传到国内，中国人愤怒了，在北京爱国学生的发起下，爆发了波及全国的"五四"爱国运动。1919年5月3日北京大学进步学生在法科大礼堂召开临时大会，作出以下决定：一、通电全国，联合各界一致行动，誓死力争中国权益；二、致电巴黎的中国代表，决不签字；三、通电各省于5月7日纪念"二十一条"国耻日四周年，举行全国游行示威。同时决定第二天联合北京各校学生在天安门举行游行示威。

5月4日下午1时许，北京大学、高等师范学校、工业专门学校、农业专门学校、朝阳大学、汇文大学等14所学校的3000多名学生齐聚天安门广场，举行示威游行。游行队伍行至东交民巷时，受到军警的阻拦，于是绕道赵家楼胡同，火烧曹汝霖宅邸，痛殴章宗祥。军警赶来灭火，并逮捕了32名来不及散去的学生。学生关押3天后被保释出狱。

1919年6月3日，北京学生为反对北洋政府投降卖国、镇压爱国学生的行动，大规模出动，上街向市民演讲，军阀政府派出大批军警镇压，并逮捕学生。6月5日，上海等地工人大罢工，声援爱国学生。工人阶级第一次登上政治舞台，标志着"五四"运动进入了一个新的阶段。

6月3日这一天，甘博在北京街头拍下了一系列有关学生运动的珍贵照片。这在《北京的社会调查》第四章有十分详细的记载。

北京基督教青年会创办的北京财政商业学校的学生走上了街头游行（见照片260-1485）。

北京财政商业学校的学生在游行　北京 1919 年 6 月 3 日　260-1485

　　甘博还目睹了北京大学的爱国学生在北京基督教青年会大楼前向市民作激情演讲（见照片 260-1486）。当时北京大学的学生四五个人分作一组，在全市不同的地方分头行动。从旗帜上看，这应该是北京大学学生演讲团的第十五小组。三个军警试图劝阻学生，一名年纪稍长的学生正在和军警交涉（见照片 260-1487）。

　　照片 260-1488 拍摄的是演讲结束时的场景。

　　6 月 4 日，学生运动进一步扩大，其他大学的学生也加入进来，但北洋政府采取了更为严厉的镇压措施。

基督教青年会大楼前的学生演讲之一　北京 1919 年 6
月 3 日　260-1486

基督教青年会大楼前的学生演讲之二　北京 1919 年 6
月 3 日　260-1487

基督教青年会大楼前的学生演讲之三　北京 1919 年 6 月 3 日　260-1488

　　照片 261-1492 是国立法政专科学校的学生在被军警解往关押地的途中，手中仍挥舞着写有学校名字的旗帜。需要指出的是，甘博的注释误以为被捕的是清华学生。

　　照片 261-1493 中，北京大学学生讲演团第 22 组的一名学生被捕。在军警的解押下，他将演讲团的旗帜挂在脖子上，脸上露出了胜利者的微笑。

　　6 月 3 日和 4 日，两天之内有 900 多名学生被关进当时被改作临时监狱的北大法科。265-1511 和 265-1517 两张照片拍摄的是在临时监狱内、外的北京高等师范学校的学生。

法政专科学校学生被捕　北京 1919 年 6 月 4 日　261-1492

北京大学学生被捕　北京 1919 年 6 月 4 日　261-1493

关押学生的监狱外的师范学生　北京 1919　265-1511

在临时监狱的门口，既有持枪的军警，也有带礼帽、穿长衫的学生，这些学生可能是去探访临时关押的学生，也可能是负责维持治安的（见照片 265-1515）。

甘博在《北京的社会调查》中写道："在上海，商人组织全面罢工，声援学生的示威活动，全市商业陷入瘫痪。罢市活动波及范围之广，就连乞丐和扒手行会也加入进来，全市五天以来未发生一起偷盗案。随着罢课活动向其他城市的扩展，学生们引起的麻烦也波及全国。在北京被关押的学生中，有许多是各省官员的儿子，政府的压力实在太大，不得不做出让步：向被捕的学生道歉，准许他们

师范学生在临时监狱内　北京 1919　265-1517

关押学生的监狱门口的看守　北京 1919　265-1515

天安门广场学生示威　北京 1919 年 11 月 29 日　　312-1783

上街演讲，并最终接受了三个主要卖国官员的辞呈。"①

　　为响应北京的学生爱国运动，福建学生组织成立了"福建学生联合会"，发动学生查禁日货，严惩奸商。1919 年 11 月 16 日下午，日本商行组织浪人对福州青年学生进行围殴，并打伤闻讯赶来的警察。福州警方后捕获日方凶手数人。日本政府为了给中方施压，派军舰进入福建沿海，再次激起全国人民的义愤，上海、北京各界群众数十万人，举行集会、游行，以示声援。这迫使民国政府不得不对日方采取了强硬态度。日本最后撤换了驻闽总领事，并承

① 　［美］西德尼·D·甘博著；陈愉秉等译. 北京的社会调查［M］. 北京：中国书店，2010：75.

天安门广场上的华表和学生示威 北京 1919 年 11 月 29 日 312-1784

认引起这次骚扰的责任在日方。

11 月 29 日，北京约有 34 所学校的男女学生三万人和社会各界人士在天安门前集会，声讨日本帝国主义残害福州人民的暴行，抗议日舰侵扰福州。会后他们举行游行示威，沿途高呼"抵制日货"、"力争福建"、"同胞快醒"等口号，并散发传单百余种。游行队伍途径总商会时，派代表入内，要求北京商界抵制日货。这是"五四"爱国运动的余声。

集会的人群中不仅有学生，还有各界市民，甚至有穿警服的人员。他们手里举着的小旗子上写着"同胞快醒"、"反对强权"、"帝

天安门广场东的学生示威活动　北京 1919 年 11 月 29 日　312-1785

天安门广场的示威人群　北京 1919 年 11 月 29 日　　312-1786

国末日"、"此时不争何时争"、"宁为玉破不为瓦全"、"救国在民"等标语。

三、孙中山葬礼　北京 1925

　　1925 年 3 月 12 日上午 9 时 30 分，中国民主革命的伟大先驱孙中山先生于北京东城铁狮子胡同 5 号逝世，终年 59 岁。同日，孙中山遗体被护送至协和医院作防腐处理。当晚，国民党北京行馆立即成立了300人的治丧办事处，并以中国国民党中央执行委员会的名义向社会各界发布讣告。

3月18日上午10时许，孙中山的私人葬礼首先在协和医院小礼堂举行。宋庆龄和孙科邀请燕京大学教授刘廷芳主持，圣公会牧师朱友渔协助。参加葬礼者约400人，除亲属孔祥熙、宋子文外，还包括汪精卫、吴稚晖、戴季陶、李石曾、于右任等国民党要员。为使葬礼不受外界干扰，刘廷芳发动了300名燕京大学的学生护卫灵堂，时任京师警备司令的西北军首领鹿钟麟派出军警，维持秩序。

照片477-2747是甘博当天在北京协和医院小礼堂前拍摄的。照片中人群中间打着白色挽幛的是燕京大学的学生，人群外围维持秩序的是军警。

3月19日上午，孙中山的灵柩由北京协和医院通过十里长街运往中央公园（今中山公园）。这个盛大的出殡仪式的顺序是：一、警察，约300人；二、军乐队，执政府派出军乐队一连，警察厅军乐队一队；三、飞机三架，在丧仪行经各处绕空飞行；四、送丧代表：国民追悼孙先生大会代表，京汉铁路工会代表，国民会议促成会代表，京师总商会代表，教育会、农会、各省法团联合会等数十团体代表，皆胸挂白花，臂缠青纱；五、海军部、内务部乐队；六、送丧代表：段祺瑞代表梁鸿志、段宏业，叶恭绰代表郑洪年，善后会议秘书长许世英，广东同乡会代表梁士诒，以及各部院署代表；七、私人方面送丧者；八、外交部军乐队；九、各大学及中小学校男女学生及教职员代表；十、护卫队，皆枪托向上枪口向下；十一、外国代表：以俄国、日本人士最多，约有数十人；十二、孙

军警与手举挽悼的学生　北京 1925　477-2747

亲族：宋子文等十余人；十三、执绋人员：分为左绋、右绋，左绋为吴稚晖、于树德等八十七人，右绋为黄昌谷、李石曾等八十三人；十四、灵柩，由国民党员自己抬棺；十五、呼口号者：沿途有萧人鹄等呼"孙中山主义万岁！"、"国民革命万岁！"、"打倒帝国主义！"、"打倒军阀！"等口号；十六、孙夫人宋庆龄，乘青玻璃马车随柩后行；十七、护卫：宪兵一队。

　　从北京协和医院到中央公园，一路上"几无一片隙地"。东单三条及帅府园的交通完全断绝，王府井也是人山人海，前来送葬的北京市民超过 12 万人。

　　以下三张照片真实地记载了东长安街当时人潮涌动的场景。行

孙中山葬礼上的学生们之一　北京1925　484-2793

孙中山葬礼上的学生们之二　北京1925　484-2794

进在道路中央的是来自北京各学校的学生，他们手里举着白色的挽幛和旗帜，道路两旁挤满了围观的群众。照片中的学生来自北京世界语专门学校、北京财政商业专门学校、汇文大学、北京新民大学暨附中、公民大学代表团等。

学生的挽联　北京 1925　477-2751

四、"五卅"运动　北京 1925

1925 年 5 月 15 日，上海日商纱厂的日方职员枪杀工人顾正红，并打伤工人数十人，激起全市工人、学生和市民的愤怒。5月22日，上海各团体开会追悼顾正红，上海学生联合会派学生代表前往参加，路经公共租界时有4人被捕。5月30日，上海各校学生2000余人到上海租界内进行反帝宣传演讲，声援工人斗争，要求释放被捕的工人和学生，英国巡捕又拘捕学生100多人，关押在南京路的老闸巡捕房。其余学生和上海各界群众数千人赶到巡捕房，要求释放学生。英国巡捕竟向人群开枪，当场打死4人，送至医院后因伤重不治者7人。这就是震惊中外的"五卅"惨案。

6月1日，上海总工会宣告成立，随即宣布实行全市工人总同盟罢工，参加罢工的工人多达20多万人，5万多学生罢课，公共租界的商人全体罢市，连租界雇佣的中国籍巡捕也宣布罢岗。6月7日，上海总工会、上海学生联合会及商界总联合会推举代表，组成上海工商学联合会，向英国租界提出取消领事裁判权、惩治凶手、赔款等7项要求。在中国共产党的领导和推动下，"五卅"运动的狂飙迅速席卷全国，从工人发展到学生、商人、市民、农民等社会各阶层，并从上海发展到全国各地。北京、广州、南京、重庆、天津、青岛、汉口等几十个大中城市都举行了成千上万人的集会、游行示威和罢工、罢课、罢市。

甘博此时正在北京。他走上大街拍摄了一系列学生示威游行的照片。486-2804是北京朝阳大学的游行队伍，前面高举的横幅上写着"朝大学生被伤，同学游行纪念"的字样。朝阳大学创建于

打着旗子示威游行的学生　　北京 1925　　486-2804

1912 年，是民国时期著名的法科大学，1949 年中华人民共和国成立后，在原址上改建为中国政法大学。1950 年与华北大学、华北人民革命大学合并成立中国人民大学。

　　照片 486-2805 显示，游行的队伍遭到了军警的镇压。被打伤的学生可能在医院经过包扎后，乘坐马车返校。

　　照片 495-2855、495-2856B 和 495-2856F 反映了男女学生准备游行和游行途中被无数百姓围观的场景。

　　游行队伍中，处处可见女学生的身影。

受伤的学生　北京 1925　486-2805

游行路线　北京 1925　495-2855

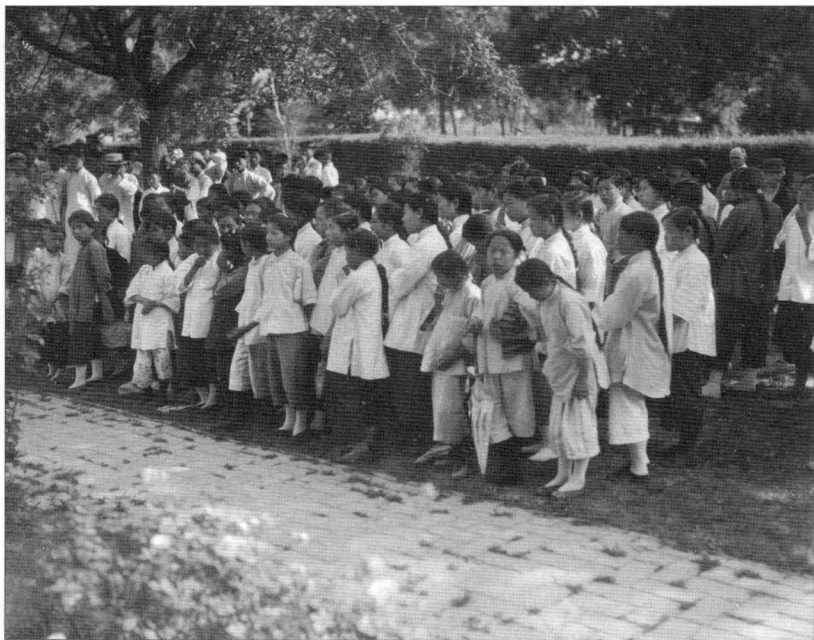

游行队伍前列的女学生　北京 1925　495-2856B

　　就连中小学生也走上街头，为游行的队伍提供服务。照片528-3055中，4名少年手里拎着茶壶、茶碗，负责给游行队伍送茶水。最右侧的小孩手里的标语写着"基督教青年会童子部公民养成团送茶队"。左侧两位成年人对孩子们的行为露出了嘉许的笑容。

　　为了揭露帝国主义的暴行，北京学生联合会绘制了宣扬"五卅"惨案的海报。照片528-3054中是三幅带有标语的海报，从左往右，第一幅和第二幅的画面和文字完全相同，标语题的是"呜呼痛

学生游行和围观的百姓　北京 1925　495-2856F

男孩们分发茶水　北京 1925　528-3055

哉！请看上海同胞被英日帝国主义屠杀"，署名"北京学生联合会"。第三幅题的是"英日帝国主义在上海残杀我同胞惨状"，署名"北京各界对英日帝国主义残杀同胞雪耻大会"。

　　还有两幅标语贴在了故宫的外墙上（528-3053）。一幅写着"援助罢工同胞，禁止英日人参观"，落款是"雪耻大会谨启 十三日"，张贴日期应该是 1925 年 6 月 13 日。另一幅用中英文同时写着"狗与英日人不得进宫"，是对上海租界外滩公园挂着"华人与狗不得入内"的招牌的反击。

"五卅"惨案宣传海报　北京 1925　528-3054

"狗与英日人不得进宫"的标语　北京 1925　528-3053

五、"九·一八"事变后的抗日游行　定县 1931

1931 年 9 月 18 日晚，驻扎在中国东北的日本关东军蓄意炸毁沈阳柳条湖附近由日本修筑的南满铁路的一段，诬称遭到了中国军队的破坏，并以此为借口，向我东北军驻地沈阳北大营发起攻击，制造了"九·一八"事变。次日，日军侵占沈阳。由于东北军统帅张学良一再坚持"不抵抗政策"，在不到半年的时间里，中国东北三省 100 万平方公里的肥沃土地尽数被日军占领。

日寇对我东北三省的大规模侵略强烈地震撼了中国社会，一场群众性的抗日救亡运动很快在全国许多城市和村镇兴起。1931 年，甘博最后一次旅居中国期间，在河北定县生活了 6 个月，他亲眼目睹了定县人民掀起的反日救国运动。照片 612-3574 中，河北定县的社会各界举行盛大集会，声讨日寇罪行，主席台上白色横幅写的是"定县各界反日救国市民大会"。会后，当地的平民教育促进会、市民和广大中小学生都参加了游行示威活动。

照片 607-3542 中，晏阳初领导的平民教育促进会正在组织平民学校的师生参加抗日游行集会。人们手里举着标语，队伍整齐有序。旁边的白墙上醒目地写着平教会的宗旨"除文盲，作新民"，中间绘着国民党党旗和中华民国国旗，两面旗帜交叉的正上方，写着大大的一个"平"字。

定县的女学生也参加了抗日游行。她们两人一排，穿着白衣黑裙的校服，左臂缠着黑纱（照片 612-3573）。这些女学生大概来自两个学校，一是定县女子师范学校，二是定县女子中学。定县女子

抗日集会　定县 1931　612-3574

平民学校的师生抗日游行　定县 1931　607-3542

女学生抗日游行　定县 1931　612-3573

师范学校于 1916 年由县立女子高等小学改建而成，与当时的天津
女子师范、保定女子师范齐名。1922 年，定县知事又因"境内女子
小学添设日多，每年毕业者日渐增加，惟升学无地，疏为可惜"①，
在女子师范讲习所内添设女子中学班。学生们的游行示威，有力地
声援了全国抗日救亡运动。

　　当地的中小学生(包括童子军，见第五章三)，甚至幼稚园的
小朋友也走上了街头，加入了游行的队伍②。从甘博拍摄的这张照
片(612-3571)来看，小朋友的游行是在大人们的组织和警察的监护

---

① 　顺直新闻：定县添设女子中学[J]. 益世报(天津)，1922-11-06(10).
② 　定县童子军的抗日游行活动在 5.3 有详细介绍。

下进行的。他们排成两列小队，由一位年纪稍长的孩子领头，每人手举一面白色的标语旗。排在第一位举旗的小朋友，旗子上依稀写着"打倒侵占东三省小倭奴"的口号。组织这类活动，是对孩子们活生生的爱国主义教育。

儿童抗日游行　河北定县 1931　612-3571

照片索引

第二章　基督教青年会的活动

第三章　五味杂陈的学前教育

第四章　孤儿学校里的苦楚

第五章　朝气蓬勃的童子军

第六章　良莠不齐的教养院

第七章　新潮前卫的女子教育

第八章　自发的对外汉语教育

第九章 孜孜以求的教会学校

第十章 安身立命的职业教育

第十一章　慈善性质的特殊教育

第十二章　兼济天下的平民教育

第十三章　异彩纷呈的大学建筑

第十四章　风起云涌的学生运动